English for Nursery Teachers

保育英語の練習帳

単語&フレーズを覚えよう!

宮田 学 |編|　高橋妙子 |著|

萌文書林
houbunshorin

・Windows，Internet Explorerは，米国Microsoft Corporationの米国およびその他の国における登録商標です。
・Apple，App Store，iTunes，Mac OSは，米国および他の国々で登録されたApple Inc.の商標です。iPhoneは，Apple Inc.の商標です。
・Google，Androidは，Google Inc.の商標または登録商標です。
・本書に記載された会社名または製品名は，各社の登録商標または商標です。なお，本文中では，™，®マークは明記しておりません。

は じ め に

　本書は，保育を学ぶ皆さんが，保育に関する英語を覚えるための単語&フレーズ集です。保育所や幼稚園でのシチュエーション別に構成されています。「保育英語検定3級」の出題内容も考慮して，執筆・編集しましたので，保育英検の受験対策用の問題集としても使うことができるでしょう。ぜひチャレンジしてみてください。

テキストの構成
　各レッスンは4ページで構成され，「基礎編」2ページと「実践編」2ページに分けてあります。「基礎編」の1番は，そのレッスンに関係する基本的な単語や語句を覚えるためのセクションです。2番は，まとまりのあるフレーズや英文を覚えるためのものです。
　「実践編」の1番は単語や語句の確認問題，2番はフレーズを使った並べ替えまたは選択問題，3番はリスニング問題になっています。これらとは別に6レッスンごとにパズルとコラムのコーナーが設けてあります。パズルはそれまでのレッスンの単語や語句から出題されているので，復習のつもりで楽しみながら解いてみてください。

テキストの使い方
①「基礎編」では，本書の付録音声（萌文書林のホームページからダウンロードできます。ダウンロードの方法は，本書8ページを参照してくださ

い）と付属の赤シートを使って単語とフレーズを覚えていきます。赤シートをページに乗せたり外したりしながら，毎日少しずつ覚えていくといいでしょう。覚えるときは何回も声に出し，できるようになったら単語やフレーズをノートなどに書いてみてもいいですね。

　ダウンロードした音声は，ノートパソコンやスマートフォン，MP3プレーヤー（iPod，ウォークマンなど）に音声を取り込んで聞いてみてください。1日少しずつだけでも続けると，英語の発音やリズムに慣れてきます。

②「実践編」では，繰り返し問題に取り組むことをお勧めします。はじめて問題に取り組んだときに，自信をもって正解した問題の番号には「○」，ちょっとだけ迷ったけれど正解だった問題には「△」，間違えてしまった問題には「×」などの印をつけておくといいでしょう。自分がどれだけ覚えられているか，ひと目で確かめることができるので，試してみてください。色分けしてマークしておくのもいいかもしれません。

③「実践編」の3番は，先生と子どもの会話，先生と保護者の会話を聞き取る問題なので，シチュエーションを思い浮かべながら聞いてみるといいでしょう。実際にありそうな会話になっていますから，モデルの英語や先生のあとについて繰り返したり，役割分担をして会話練習するなど，担当の先生の指示にしたがって，さまざまな活動をしてみましょう。

④本書はコンパクトな手帳サイズなので，バッグなどに入れて手軽に持ち歩くことができます。通学途中の電車やバスのなか，待ち合わせの時間など，短い時間でいいのでどこかのページを開いてみてください。きっと保育英語を楽しみながらマスターできるでしょう。

最後になりましたが，保育についての監修をしてくださった須恵剣先生，富山大士先生，英語の校閲をしてくださった Stephen James Clarke（スティーブン・ジェームズ・クラーク）先生，また企画の段階から本書の趣旨を十分に理解してくださり，出版に至るまで常に適切な助言をくださった㈱萌文書林編集者の赤荻泰輔氏に，この場をお借りして心よりお礼申し上げます。

　2014年3月

編著者一同

CONTENTS 保育英語の練習帳

音声データのダウンロード方法 —— 8

: Lesson 1 : The Nursery School Staff　保育所で働く人たち —— 12
: Lesson 2 : The Map of a Nursery School　保育所の園舎 —— 16
: Lesson 3 : Greetings & Background Information　あいさつと基本調査 —— 20
: Lesson 4 : Things in the Classroom　保育室の中 —— 24
: Lesson 5 : Time & Numbers　時間と数字 —— 28
: Lesson 6 : Things Children Need　園児の持ち物 —— 32
　　　　　　Wordsearch／Column① —— 36

: Lesson 7 : Places around the Nursery School　保育所の周辺 —— 38
: Lesson 8 : Directions　道順 —— 42
: Lesson 9 : Children's Games　園児の遊び —— 46
: Lesson 10 : Things in the Playground　園庭の遊具 —— 50
: Lesson 11 : The Weather　天気 —— 54
: Lesson 12 : Mental & Physical Conditions　感情と体調 —— 58
　　　　　　Crossword／Column② —— 62

: Lesson 13 : Daily Schedule : A 5-Year-Olds' Class
　　　　　　日課：5歳児クラス —— 64
: Lesson 14 : Daily Schedule : A Toddlers' & Infants' Class
　　　　　　日課：乳幼児クラス —— 68

Nursery Teachers

: **Lesson 15** : Lunchtime　ランチタイム ——— 72
: **Lesson 16** : Lunch Menu　ランチの献立 ——— 76
: **Lesson 17** : Toilet Training　トイレット・トレーニング ——— 80
: **Lesson 18** : The Message Notebook　連絡帳 ——— 84
　　　　　　Scrambled Words／Column③ ——— 88

: **Lesson 19** : Fighting　けんか ——— 90
: **Lesson 20** : The Face & Body　身体の部位 ——— 94
: **Lesson 21** : Injuries & Illnesses　けがと病気 ——— 98
: **Lesson 22** : First Aid & Medical Care　救急処置 ——— 102
: **Lesson 23** : Telephone Calls　電話の応対 ——— 106
: **Lesson 24** : Telephone Messages　留守番電話 ——— 110
　　　　　　Crossword／Column④ ——— 114

: **Lesson 25** : Field Trips　遠足 ——— 116
: **Lesson 26** : Annual School Calendar　年間行事予定 ——— 120
: **Lesson 27** : Baby Care　育児用品 ——— 124
: **Lesson 28** : Baby Development　赤ちゃんの成長 ——— 128
: **Lesson 29** : Graduation　卒園 ——— 132
: **Lesson 30** : National Holidays & Celebrations　祝日と記念日 ——— 136
　　　　　　Annual Calendar／Column⑤／Column⑥ ——— 140

編著者・保育監修者紹介 ——— 143

音声データのダウンロード方法

『保育英語の練習帳』各Lesson「基礎編」1,2の音声ファイル（MP3形式）をダウンロードしましょう。パソコンはWindows10,スマートフォンはiPhone（iOS9）を例に解説します。なお,ダウンロードファイルは,zipで圧縮されているので,ダウンロード後に解凍（展開）が必要です。

パソコンで音声ファイルをダウンロード

❶パソコンのブラウザー（ここではIEを使用）のアドレスバーに次のダウンロードページのURLをキーボードから入力します。

> http://houbun.com/appendix/193

＊萌文書林ホームページからはダウンロードページにアクセスできません。上記URLを直接入力してください。

❷ダウンロードしたいファイルのリンクをクリックします。

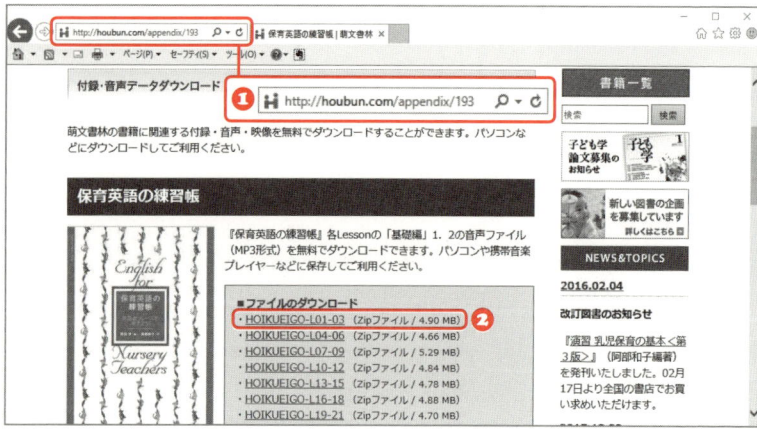

❸画面下に次のようなメッセージが表示されるので,「**保存**」をクリックします。ダウンロードが完了したら,「**フォルダーを開く**」をクリックします。

❹「**ダウンロード**」フォルダーにダウンロードしたzipファイルが確認できるので,これを解凍(展開)することで音声ファイルを利用できるようになります。音声ファイルをダブルクリックすると,メディアプレイヤーなどが起動して再生が行われます。

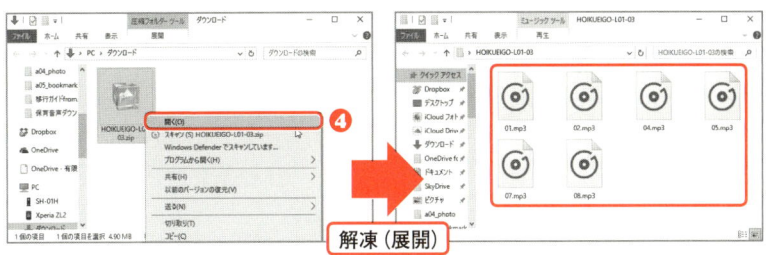

＊ここではzipファイルの右クリックで表示されるメニューから「開く」を選択していますが,お使いの環境によって解凍方法は異なります。

●**ダウンロードした音声ファイルをスマートフォンで聞く**

パソコンでダウンロードした音声ファイルは,スマートフォンでも楽しめます。iPhoneの場合は,音楽ファイルと同様にiTunesのライブラリにドラッグ＆ドロップし,iPhoneと同期してください。Android端末の場合も音楽ファイルと同じです。パソコンとスマートフォンをUSBケーブルでつなぎ,スマートフォンのなかの「Music」フォルダーにコピーします。

なお,パソコンを使わない場合は,スマートフォンから直接,音声ファイルをダウンロードすることもできます(次ページ参照)。

────── **iPhoneで音声ファイルをダウンロード** ──────

　iPhoneで直接，音声ファイルをダウンロードして視聴したい場合は，あらかじめzipファイルを解凍できるアプリをインストールしておく必要があります。ここでは，「Clipbox」という無料アプリを例に解説します。

❶「App Store」から「Clipbox」を検索して，インストールしておきます。同じような名前のアプリがたくさんありますので，青い矢印を手掛かりにするといいでしょう。
❷「Safari」を起動して，検索ウインドウに次のダウンロードページのURLをキーボードから入力します。

　　http://houbun.com/appendix/193

　＊萌文書林ホームページからはダウンロードページにアクセスできません。上記URLを直接入力してください。

❸ダウンロードしたいファイルのリンクをクリックします。
❹ダウンロードが完了したら，画面の**「次の方法で開く」**をタップします。
❺画面下にアプリの一覧が表示されるので，**「Clipboxにコピー」**をタップします。「Inbox」フォルダーが表示されるのでタップすると，ダウンロードしたzipファイルが表示されます。ここに展開できないので，ファイルを移動します。

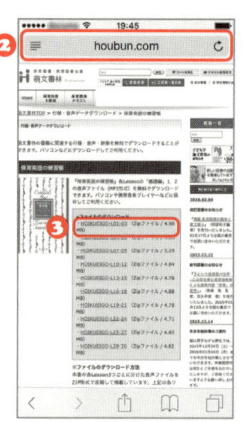
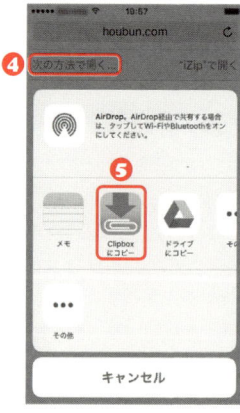

❻zipファイルをタップして選択状態にします。
❼「Actions」をタップします。
❽画面下のメニューから「**移動**」をタップします。
❾「**マイコレクション**」が表示されるので,「**ここに移動**」をタップします。確認メッセージや「**解凍しますか?**」というメッセージに「**OK**」をタップすると解凍されます。
❿解凍が済んだら「**マイコレクション**」に戻り,解凍したフォルダーをタップすると音声ファイルが表示されます。
⓫音声ファイルをタップすると,再生されます。

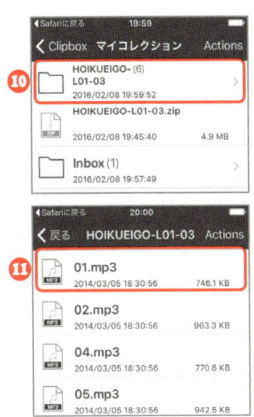

　なお,iPhoneで音声ファイルを直接ダウンロードした場合,「ミュージック」アプリでは再生できません。Clipboxから再生を行ってください。ほかの音楽と同様,「ミュージック」アプリで再生したい場合は,パソコンでダウンロードしてからiTunesと同期する必要があります。

●**Android端末で直接,ダウンロードするには**
　Android端末の場合も,基本的な手順はiPhoneと同じです。Zipファイルを解凍できるアプリをインストールして,ダウンロードしたファイルを解凍します。詳細は,萌文書林のホームページの「正誤表・補足表ダウンロード」(**http://houbun.com//download**)を参照してください。

The Nursery School Staff
保育所で働く人たち

基礎編

1. 保育所で働く人たちの職名を覚えましょう。音声にしたがって発音してから，赤シートで語句を隠して繰り返し練習しましょう。

TRACK 01

(1) nursery school teacher　　保育士
(2) principal　　園長
(3) head teacher　　主任の先生
(4) school secretary　　保育所事務員
(5) part-time assistant　　保育補助員
(6) custodian　　用務員
(7) cook　　調理師
(8) nutritionist　　栄養士
(9) nurse　　看護師
(10) bus driver　　バスの運転手

2. 次のフレーズを覚えましょう。音声にしたがって発音してから，赤シートでフレーズを隠して繰り返し練習しましょう。　TRACK **02**

(1) There are three nursery schools near here.
この近くに3つ保育所があります。

(2) Mrs. Suzuki is our principal.
鈴木先生は私たちの園長です。

(3) I'm a nursery school teacher.
私は保育士です。

(4) I teach 3-year-old children.
私は3歳児を担当しています。

(5) My class is Sakura-gumi.
私のクラスはさくら組です。

(6) The head teacher usually comes at 8 o'clock.
主任の先生はたいてい8時に来ます。

(7) We like to take care of children.
私たちは子どもの世話が好きです。

(8) She has been working here for five years.
彼女はここで5年働いています。

(9) I majored in Early Childhood Education at college.
私は短大で幼児教育を専攻しました。

(10) A nursery school teacher is one of the popular occupations.
保育士は人気のある職業の1つです。

・実践編・

1. （　）に入る最も適切な語句を選びましょう。

> cook　　custodian　　nurse　　nutritionist　　principal
> bus driver　　head teacher　　nursery school teacher
> part-time assistant　　school secretary

(1) 園長　　　　　　（　　　　　　　　　　　　　　　　）
(2) 栄養士　　　　　（　　　　　　　　　　　　　　　　）
(3) 保育士　　　　　（　　　　　　　　　　　　　　　　）
(4) 用務員　　　　　（　　　　　　　　　　　　　　　　）
(5) 調理師　　　　　（　　　　　　　　　　　　　　　　）
(6) 主任の先生　　　（　　　　　　　　　　　　　　　　）
(7) 保育所事務員　　（　　　　　　　　　　　　　　　　）
(8) 看護師　　　　　（　　　　　　　　　　　　　　　　）
(9) 保育補助員　　　（　　　　　　　　　　　　　　　　）
(10) バスの運転手　　（　　　　　　　　　　　　　　　　）

2. 日本語の意味に合うように次の語句を並べ替え，2番目と4番目の単語を番号で書きましょう。1語余分な単語があります。

(1) 私たちはどんぐり保育園の保育士です。
　　We（　　）（2番目）（　　）（4番目）（　　）Donguri Nursery School.
　　　① at　　　　　② school　　　③ teacher　　　④ teachers
　　　⑤ nursery　　　⑥ are

14　|　*Lesson 1*　|　The Nursery School Staff

(2) 栄養士が毎日ランチのメニューを決めます。

The (　　) (2番目) the (　　) (4番目) (　　) day.

① every　　② decides　　③ nutritionist　　④ lunch

⑤ menu　　⑥ box

(3) 用務員さんは壊れたイスを直してくれます。

The (　　) (2番目) (　　) (4番目) (　　).

① broken　　② repair　　③ repairs　　④ chairs

⑤ the　　⑥ custodian

(4) 何人か保育補助員がここで働いています。

(　　) (2番目) (　　) (4番目) (　　).

① assistants　　② some　　③ here　　④ part-time

⑤ work　　⑥ works

3. リスニングにチャレンジして，表を完成させましょう。　TRACK 03

No.	Name	Occupation	Age
(1)			25
(2)	Mrs.Ono		
(3)		custodian	
(4)		cook	
(5)			43

MEMO

The Map of a Nursery School
保育所の園舎

― 基礎編 ―

1. 園舎に関する単語を覚えましょう。音声にしたがって発音してから，赤シートで語句を隠して繰り返し練習しましょう。 TRACK 04

　(1) entrance 　　　　　　　　玄関
　(2) school office 　　　　　　事務室
　(3) multipurpose hall 　　　　多目的ホール
　(4) room for 5-year-olds 　　　5歳児室
　(5) rest room 　　　　　　　　トイレ
　(6) staff lounge 　　　　　　　職員休憩室
　(7) playground 　　　　　　　園庭
　(8) storage room 　　　　　　物置
　(9) shower space 　　　　　　シャワーコーナー
　(10) nursery 　　　　　　　　　乳児室

2. 次のフレーズを覚えましょう。音声にしたがって発音してから、赤シートでフレーズを隠して繰り返し練習しましょう。　TRACK **05**

(1) The principal is in the school office.
　　園長は事務室にいます。
(2) There're three classrooms on the first floor.
　　1階には保育室が3つあります。
(3) You can play in the playroom.
　　遊戯室で遊べますよ。
(4) Where is the room for 4-year-olds?
　　4歳児室はどこですか？
(5) The kitchen is across from the staff lounge.
　　調理室は職員休憩室の向かい側にあります。
(6) Sakura-gumi is next to the nursery.
　　さくら組は乳児室の隣です。
(7) Don't enter the storage room.
　　物置に入ってはいけません。
(8) We sometimes air out the futons on the balcony.
　　私たちはときどきバルコニーで布団を干します。
(9) Who wants to enjoy the sun on the terrace?
　　テラスで日光浴したい人？
(10) Please go to the shower space after getting muddy.
　　泥んこになったあとはシャワーコーナーに行ってね。

・実践編・

1. （　）に入る最も適切な語句を選びましょう。

> entrance　　nursery　　playground　　multipurpose hall
> rest room　　room for 5-year-olds　　school office
> shower space　　staff lounge　　storage room

(1) 園庭　　　　　　　（　　　　　　　　　　　　　）
(2) 玄関　　　　　　　（　　　　　　　　　　　　　）
(3) 物置　　　　　　　（　　　　　　　　　　　　　）
(4) 事務室　　　　　　（　　　　　　　　　　　　　）
(5) 乳児室　　　　　　（　　　　　　　　　　　　　）
(6) トイレ　　　　　　（　　　　　　　　　　　　　）
(7) 職員休憩室　　　　（　　　　　　　　　　　　　）
(8) シャワーコーナー　（　　　　　　　　　　　　　）
(9) 5歳児室　　　　　（　　　　　　　　　　　　　）
(10) 多目的ホール　　　（　　　　　　　　　　　　　）

2. （　）に入る適切な語句を選んで番号で書きましょう。

(1) There's a nursery (　　　　) babies.
　① to　　② in　　③ for　　④ on
(2) You can't go (　　　　) of the entrance.
　① out　　② to　　③ in　　④ on
(3) All the children are (　　　　) the playground.
　① in　　② at　　③ for　　④ to

18　| *Lesson 2* |　The Map of a Nursery School

(4) The rest room is (   ) the staff lounge and the room for 5-year-olds.

① for　　②in　　③at　　④between

3. リスニングにチャレンジして，質問に答えましょう。

1. (1) What are the children going to do?
   ① sing　　② dance　　③ run
   (2) Where are the children going to go?
   ① the playground　　② the multipurpose hall
   ③ the rest room

2. (1) What was the child looking for?
   ① his bag　　② his shoes　　③ his cap
   (2) Where did he find it?
   ① at the entrance　　② in the classroom
   ③ in the shoe box

MEMO

Greetings & Background Information
あいさつと基本調査

: 基礎編 :

1. あいさつと家族にかかわる言葉を覚えましょう。音声にしたがって発音してから，赤シートで語句を隠して繰り返し練習しましょう。

TRACK **07**

(1) first name 　　　　　　　　名前
(2) family name 　　　　　　　 名字
(3) grandfather / grandmother 　祖父／祖母
(4) grandson / granddaughter 　 孫（男の子／女の子）
(5) date of birth 　　　　　　　 生年月日
(6) address 　　　　　　　　　 住所
(7) emergency contact 　　　　 緊急連絡先
(8) blood type 　　　　　　　　血液型
(9) drop ~ off 　　　　　　　　～を（車で）送る
(10) pick ~ up 　　　　　　　　～を（車で）迎えに行く

2. 次のフレーズを覚えましょう。音声にしたがって発音してから，赤シートでフレーズを隠して繰り返し練習しましょう。 TRACK **08**

(1) It's nice to meet you.
はじめまして。

(2) Where are you from?
ご出身はどちらですか？

(3) I'm from the United Kingdom.
イギリス出身です。

(4) We're very happy to have your son here.
息子さんをお迎えできてうれしいです。

(5) What should I call your daughter?
娘さんをどのように呼んだらいいですか？

(6) Please call her Kitty.
キティと呼んでください。

(7) How do you come to school?
どうやって園に通いますか？

(8) How long does it take you to come here?
こちらに通うのにどのくらい時間がかかりますか？

(9) What does your father do?
お父さんのお仕事は何ですか？

(10) Where does your mother work?
お母さんはどこで働いていますか？

実践編

1. （　）に入る最も適切な語句を選びましょう。

> address　　granddaughter　　grandfather　　blood type
> date of birth　　drop～off　　emergency contact
> family name　　first name　　pick～up

(1) ～を（車で）送る　　　　（　　　　　　　　　　）
(2) 血液型　　　　　　　　　（　　　　　　　　　　）
(3) 生年月日　　　　　　　　（　　　　　　　　　　）
(4) 緊急連絡先　　　　　　　（　　　　　　　　　　）
(5) 名前　　　　　　　　　　（　　　　　　　　　　）
(6) 祖父　　　　　　　　　　（　　　　　　　　　　）
(7) 住所　　　　　　　　　　（　　　　　　　　　　）
(8) 名字　　　　　　　　　　（　　　　　　　　　　）
(9) 孫（女の子）　　　　　　（　　　　　　　　　　）
(10) ～を（車で）迎えに行く　（　　　　　　　　　　）

2. 日本語の意味に合うように次の語句を並べ替え、2番目と4番目の単語を番号で書きましょう。1語余分な単語があります。

(1) 息子さんが食べられない物はありますか？
　　Is there (　　) (2番目) that (　　) (4番目) (　　)?
　　① any　　② your son　　③ can't　　④ eat
　　⑤ food　　⑥ can

Lesson 3 | Greetings & Background Information

(2) 毎日誰が彼女の送迎をしますか？

(　　)（2番目）(　　)（4番目）and (　　) her up every day?

① her　　② drops　　③ down　　④ off
⑤ who　　⑥ picks

(3) 娘さんはどうやって園に通いますか？

(　　)（2番目）(　　)（4番目）(　　) school?

① what　　② to　　③ does　　④ how
⑤ come　　⑥ your daughter

(4) 息子さんが好きな遊びは何ですか？

(　　)（2番目）(　　)（4番目）(　　)?

① games　　② are　　③ your son's　　④ what
⑤ like　　⑥ favorite

3. リスニングにチャレンジして，ニックネームを書き込み，送迎の方法に○をつけましょう。　TRACK **09**

Name	Nickname	Type of Transportation		
(1) Ayaka		Walking	Bicycle	Car
(2) Daisuke		Walking	Bicycle	Car
(3) Masaru		Walking	Bicycle	Car

Things in the Classroom
保育室の中

基礎編

1. 保育室の中にある物の名前を覚えましょう。音声にしたがって発音してから，赤シートで語句を隠して繰り返し練習しましょう。

TRACK 10

(1) whiteboard　　　　　　ホワイトボード
(2) sink　　　　　　　　　流し
(3) calendar　　　　　　　カレンダー
(4) towel　　　　　　　　タオル
(5) shoe box　　　　　　　靴箱
(6) bookcase　　　　　　　本棚
(7) drawer　　　　　　　　引き出し
(8) toy box　　　　　　　おもちゃ箱
(9) coloring book　　　　　ぬり絵
(10) wastebasket　　　　　　ごみ箱

2. 次のフレーズを覚えましょう。音声にしたがって発音してから，赤シートでフレーズを隠して繰り返し練習しましょう。　TRACK **11**

(1) It's time to go back to your classroom.
　　保育室にもどる時間ですよ。
(2) Go back to your seat.
　　自分の席にもどってね。
(3) Let's check the calendar.
　　カレンダーをチェックしよう。
(4) You can draw a picture on the whiteboard.
　　ホワイトボードに絵を描いていいよ。
(5) Do you have a towel in your drawer?
　　引き出しにタオルはありますか？
(6) Can you open the window, please?
　　窓を開けてくれる？
(7) Take a book from the bookcase.
　　本棚から1冊本を持ってきてね。
(8) Put your trash in the wastebasket.
　　ごみはごみ箱に捨ててね。
(9) Wipe the tables clean.
　　テーブルをきれいにふいてね。
(10) Let's line up the chairs in one row.
　　イスを一列に並べましょう。

実践編

1. （　）に入る最も適切な語句を選びましょう。

> bookcase　　calendar　　drawer　　sink　　towel
> wastebasket　　whiteboard　　coloring book　　shoe box
> toy box

(1) 流し　　　　　　（　　　　　　　　　　　　　　）
(2) おもちゃ箱　　　（　　　　　　　　　　　　　　）
(3) タオル　　　　　（　　　　　　　　　　　　　　）
(4) ホワイトボード　（　　　　　　　　　　　　　　）
(5) ごみ箱　　　　　（　　　　　　　　　　　　　　）
(6) カレンダー　　　（　　　　　　　　　　　　　　）
(7) 本棚　　　　　　（　　　　　　　　　　　　　　）
(8) 引き出し　　　　（　　　　　　　　　　　　　　）
(9) ぬり絵　　　　　（　　　　　　　　　　　　　　）
(10) 靴箱　　　　　　（　　　　　　　　　　　　　　）

2. （　）に入る適切な語句を選んで番号で書きましょう。

(1) Draw a big circle (　　　) the whiteboard.
　① to　　　② in　　　③ for　　　④ on
(2) Do you have a T-shirt (　　　) your drawer?
　① of　　　② to　　　③ in　　　④ at
(3) Take your favorite book (　　　) the bookcase.
　① out　　② on　　　③ in　　　④ from

Lesson 4 | **Things in the Classroom**

(4) Put back these dolls and toy trains (   ) the toy box.
   ① for   ② into   ③ at   ④ on

3. リスニングにチャレンジして，質問に答えましょう。

1. (1) Why do they have to wipe the tables clean?
   ① Because it's lunchtime.
   ② Because it's clean-up time.
   ③ Because it's play time.
   (2) What are the children going to put into the toy box?
   ① blocks   ② dolls   ③ toy trucks

2. (1) What did the child do?
   ① opened the window   ② closed the door
   ③ wiped the table
   (2) When is the child going to play outside?
   ① after lunchtime   ② after nap time
   ③ after snack time

MEMO

Lesson 5
Time & Numbers
時間と数字

基礎編

1. 時間と数字に関する言葉を覚えましょう。音声にしたがって発音してから、赤シートで語句を隠して繰り返し練習しましょう。

TRACK 13

(1) half past nine	9時30分
(2) a quarter after ten	10時15分
(3) a quarter to three	2時45分
(4) on the weekend	週末に
(5) once a week	週に1回
(6) twice a month	月に2回
(7) a couple of ~	2つの~
(8) a pair of ~	1組の~, 1足の~
(9) at once / right away	すぐに
(10) as soon as possible	急いで

2. 次のフレーズを覚えましょう。音声にしたがって発音してから，赤シートでフレーズを隠して繰り返し練習しましょう。　TRACK 14

(1) What day is it today? / It's Wednesday.
今日は何曜日ですか？／水曜日です。

(2) What's the date today? / It's August 1.
今日は何月何日ですか？／8月1日です。

(3) Our principal went out ten minutes ago.
園長先生は10分前に外出しました。

(4) Please arrive at school by 9:00 a.m.
9時までに登園してください。

(5) Let's go outside and play until noon.
お昼まで外で遊びましょう。

(6) Two children are absent today.
今日は2人欠席しています。

(7) We have parent-teacher meetings three times a year.
年に3回面談をします。

(8) Can you come to the hospital as soon as possible?
急いで病院に来られますか？

(9) You can open your eyes after I count to ten.
10まで数えたら目を開けていいよ。

(10) Take your time.
ゆっくりでいいよ。

•───────────────{ 実践編 }───────────────•

1. （　　）に入る最も適切な語句を選びましょう。

> a couple of 〜　　a pair of 〜　　a quarter after eleven
> a quarter to two　　as soon as possible　　half past eight
> on the weekend　　once a week　　right away　　twice a month

(1) 週末に　　　（　　　　　　　　　　　　　　　　　　　　）
(2) 11時15分　（　　　　　　　　　　　　　　　　　　　　）
(3) 急いで　　　（　　　　　　　　　　　　　　　　　　　　）
(4) 8時30分　 （　　　　　　　　　　　　　　　　　　　　）
(5) 2つの　　　（　　　　　　　　　　　　　　　　　　　　）
(6) 1時45分　 （　　　　　　　　　　　　　　　　　　　　）
(7) 週に1回　　（　　　　　　　　　　　　　　　　　　　　）
(8) すぐに　　　（　　　　　　　　　　　　　　　　　　　　）
(9) 1組の　　　（　　　　　　　　　　　　　　　　　　　　）
(10) 月に2回　　（　　　　　　　　　　　　　　　　　　　　）

2. 日本語の意味に合うように次の語句を並べ替え，2番目と4番目の単語を番号で書きましょう。1語余分な単語があります。

(1) 今日は何人欠席していますか？
　　How（　　　）(2番目)（　　　）(4番目)（　　　）?
　　① are　　　② many　　　③ absent　　　④ today
　　⑤ child　　⑥ children

30　│ *Lesson 5* │ Time & Numbers

(2) 急いで園に行きます。

I'll come (　　) (2番目) as (　　) (4番目) (　　).

① as　　② in　　③ to　　④ possible

⑤ school　　⑥ soon

(3) お昼まで多目的ホールで遊びましょう。

Let's play in (　　) (2番目) (　　) (4番目) (　　).

① noon　　② multipurpose　　③ the　　④ until

⑤ by　　⑥ hall

(4) 外ではく靴を持ってきてね。

(　　) (2番目) (　　) (4番目) (　　) to wear outside.

① pair　　② two　　③ of　　④ bring　　⑤ a

⑥ shoes

3. リスニングにチャレンジして，話題にしている時間を選びましょう。

(1)	8時45分	9時15分	9時45分
(2)	3時30分	4時30分	5時30分
(3)	4時30分	5時	5時30分

MEMO

Things Children Need
園児の持ち物

基礎編

1. 園児たちが必要な物の名前を覚えましょう。音声にしたがって発音してから，赤シートで語句を隠して繰り返し練習しましょう。

TRACK 16

(1) thermos 　　　　　　　　水筒
(2) backpack 　　　　　　　 リュック
(3) indoor shoes 　　　　　　上ばき，上ぐつ
(4) handkerchief 　　　　　　ハンカチ
(5) apron 　　　　　　　　　エプロン
(6) chopsticks 　　　　　　　はし
(7) toothbrush 　　　　　　　歯ブラシ
(8) swim trunks / swimsuit 　水着
(9) shorts 　　　　　　　　　半ズボン
(10) underpants 　　　　　　 （下着の）パンツ

2. 次のフレーズを覚えましょう。音声にしたがって発音してから,赤シートでフレーズを隠して繰り返し練習しましょう。 TRACK 17

(1) Let's get dressed.
服を着ましょう。

(2) You need a change of clothes.
着替えが必要です。

(3) Tuck in your undershirt.
(下着の)シャツを入れようね。

(4) Put some tissues in your school bag.
カバンにティッシュを入れてね。

(5) I can fold my hand towel.
お手拭きをたためるよ。

(6) Can you take off your sweater by yourself?
ひとりでセーター脱げる？

(7) Hang your cap on the hook.
帽子はフックにかけてね。

(8) Your T-shirt is inside out.
Tシャツが裏返しだよ。

(9) Could you bring a pair of pajamas tomorrow?
明日パジャマを持ってきていただけますか？

(10) Let me roll up your raincoat sleeves.
レインコートの袖をまくってあげるね。

実践編

1. （　）に入る最も適切な語句を選びましょう。

> apron　　backpack　　chopsticks　　handkerchief　　shorts
> swimsuit　　thermos　　toothbrush　　underpants
> indoor shoes

(1) 水筒　　　　　　（　　　　　　　　　　　　　　　）
(2) エプロン　　　　（　　　　　　　　　　　　　　　）
(3) 上ばき，上ぐつ　（　　　　　　　　　　　　　　　）
(4) はし　　　　　　（　　　　　　　　　　　　　　　）
(5) ハンカチ　　　　（　　　　　　　　　　　　　　　）
(6) （下着の）パンツ （　　　　　　　　　　　　　　　）
(7) 半ズボン　　　　（　　　　　　　　　　　　　　　）
(8) リュック　　　　（　　　　　　　　　　　　　　　）
(9) 水着　　　　　　（　　　　　　　　　　　　　　　）
(10) 歯ブラシ　　　　（　　　　　　　　　　　　　　　）

2. （　）に入る適切な語句を選んで番号で書きましょう。

(1) Wash your futon sheets (　　　) weekends, please.
　① to　　② in　　③ for　　④ on

(2) Do you have a change (　　　) clothes?
　① of　　② to　　③ in　　④ with

(3) Hang your hand towel (　　　) the hook.
　① out　　② on　　③ off　　④ in

Lesson 6 | Things Children Need

(4) I'll try to put on my jacket (　　　) myself.
　① for　　② by　　③ in　　④ to

3. リスニングにチャレンジして，質問に答えましょう。　TRACK 18

1. (1) How is the weather today?
   ① It's sunny and warm.　　② It's sunny and hot.
   ③ It's cloudy and hot.
   (2) What will the children bring to the park?
   ① a hat and a towel　　② a cap and a thermos
   ③ a hat and a thermos

2. (1) What did the child take off?
   ① his smock　　② his T-shirt　　③ his shirt
   (2) What will the child do before putting it in his backpack?
   ① He'll give it to his teacher.　　② He'll find it.
   ③ He'll fold it.

MEMO

Wordsearch
Lesson 1〜6

Lesson1〜6の範囲で皆さんが学んだ次の英単語が，下の文字列の中に隠れています。縦・横・斜めに文字列を眺めて，楽しみながら探してみましょう。

- bookcase
- playground
- quarter
- grandson
- principal
- thermos

Q	E	U	V	F	A	R	N	P	P
W	J	X	C	Y	Z	O	P	R	L
T	O	C	B	Z	S	M	R	I	A
Y	H	Z	H	D	M	E	C	N	Y
Q	T	E	N	B	T	Z	Y	C	G
Q	Q	A	R	R	R	Y	H	I	R
P	R	T	A	M	T	X	H	P	O
G	B	U	L	H	O	S	U	A	U
T	Q	T	X	S	T	S	O	L	N
B	O	O	K	C	A	S	E	P	D

Column ① トイレの世界事情

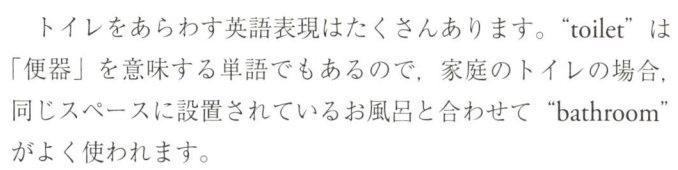

　トイレをあらわす英語表現はたくさんあります。"toilet" は「便器」を意味する単語でもあるので，家庭のトイレの場合，同じスペースに設置されているお風呂と合わせて "bathroom" がよく使われます。

　一方，学校や駅，デパート，スーパーマーケットなどにある公共のトイレの場合，一般的には "rest room" が使われますが，そのほかにも "men's room" "ladies' room" "lavatory" "W.C. (water closet)" などがあります。とくに学校では "boys' room"（男子トイレ），"girls' room"（女子トイレ）がよく使われています。

　日本のトイレと違って，アメリカのトイレの扉は小さいところが多く，足もとが見えるようになっています。また，中東のトルコなどのように，公衆トイレは有料であるところがほとんどという国もあります。

Lesson 7

Places around the Nursery School
保育所の周辺

基礎編

1. 保育所の周辺にある場所の名前を覚えましょう。音声にしたがって発音してから，赤シートで語句を隠して繰り返し練習しましょう。

   TRACK 19

   (1) post office　　　　　　　　郵便局
   (2) dentist　　　　　　　　　　歯科医（院）
   (3) drugstore　　　　　　　　　薬局
   (4) stationery store　　　　　　文房具店
   (5) electronics store　　　　　 電気屋
   (6) barbershop / beauty salon　床屋／美容院
   (7) toy store　　　　　　　　　おもちゃ屋
   (8) gas station　　　　　　　　ガソリンスタンド
   (9) health center　　　　　　　保健所
   (10) shopping mall　　　　　　 ショッピングセンター

2. 次のフレーズを覚えましょう。音声にしたがって発音してから，赤シートでフレーズを隠して繰り返し練習しましょう。　TRACK 20

(1) There is a convenience store in the train station.
駅の中にコンビニがあります。

(2) The toy store is open from 10 a.m.
そのおもちゃ屋さんは朝10時から開いています。

(3) There is a large department store in Sakura-machi.
桜町に大きなデパートがあります。

(4) There's a stop for the city bus over there.
あちらに市バスのバス停があります。

(5) Is there a flower shop nearby?
近くにお花屋さんはありますか？

(6) Where is the nearest supermarket?
一番近いスーパーはどこですか？

(7) Are there any movie theaters near here?
この近くに映画館はありますか？

(8) CHILD Bookstore has a lot of picture books.
チャイルド書店にはたくさん絵本があります。

(9) You can send a package via airmail at the post office.
郵便局では航空便で小包を送れます。

(10) You can take a shortcut through the shrine.
神社を通ると近道です。

実践編

1. （　）に入る最も適切な語句を選びましょう。

> dentist　　drugstore　　electronics store　　gas station
> hair salon　　health center　　post office　　shopping mall
> stationery store　　toy store

(1) 文房具店　　　　　　（　　　　　　　　　　）
(2) 郵便局　　　　　　　（　　　　　　　　　　）
(3) 薬局　　　　　　　　（　　　　　　　　　　）
(4) 電気屋　　　　　　　（　　　　　　　　　　）
(5) ガソリンスタンド　　（　　　　　　　　　　）
(6) 歯科医（院）　　　　（　　　　　　　　　　）
(7) ショッピングセンター（　　　　　　　　　　）
(8) おもちゃ屋　　　　　（　　　　　　　　　　）
(9) 保健所　　　　　　　（　　　　　　　　　　）
(10) 美容院　　　　　　　（　　　　　　　　　　）

2. 日本語の意味に合うように次の語句を並べ替え，2番目と4番目の単語を番号で書きましょう。1語余分な単語があります。

(1) 一番近いコンビニはKKストアです。
　　（　　）(2番目)(　　)(4番目)(　　) KK Store.
　　① is　　② store　　③ near　　④ nearest
　　⑤ convenience　　⑥ the

(2) 警察署の近くにパン屋があります。

（　　　）（2番目）（　　　）（4番目）（　　　）the police station.

① bakery　　② is　　③ are　　④ near
⑤ there　　⑥ a

(3) 大きな電気屋はどこにありますか？

（　　　）（2番目）（　　　）（4番目）（　　　）store？

① where　　② a　　③ largest　　④ is
⑤ large　　⑥ electronics

(4) そのおもちゃ屋さんは午前9時からやっています。

The（　　　）（2番目）（　　　）（4番目）（　　　）a.m.

① open　　② opens　　③ 9:00　　④ toy store
⑤ from　　⑥ is

3. リスニングにチャレンジして，どこに行きたいのかを聞き取り，正しい場所を選びましょう。

TRACK 21

(1)	library	stationery store	shrine
(2)	post office	shopping mall	bus stop
(3)	gas station	bus station	dentist

MEMO

Lesson 8

Directions
道順

基礎編

1. 方角を示したり，道順を教えたりする言葉を覚えましょう。音声にしたがって発音してから，赤シートで語句を隠して繰り返し練習しましょう。

    TRACK 22

    (1) go straight　　　　　　まっすぐ行く
    (2) turn right / left　　　　右／左に曲がる
    (3) street / avenue　　　　通り
    (4) corner　　　　　　　　角
    (5) block　　　　　　　　　1区画
    (6) next to ～　　　　　　 ～の隣に
    (7) in front of ～　　　　　～の前に
    (8) between A and B　　　 AとBの間に
    (9) across from ～　　　　 ～の向かい側に
    (10) behind ～　　　　　　 ～の裏側に

2. 次のフレーズを覚えましょう。音声にしたがって発音してから,赤シートでフレーズを隠して繰り返し練習しましょう。　TRACK 23

(1) Go straight along this street.
この道をまっすぐ行ってください。

(2) Turn right at the third corner.
3つ目の角を右に曲がってください。

(3) A famous bakery is across from the city hall.
有名なパン屋さんが市役所の向かい側にあります。

(4) The bus stop is in front of the toy store.
バス停はおもちゃ屋さんの前にあります。

(5) The drugstore is between the library and the park.
薬局は図書館と公園の間にあります。

(6) You can find the drugstore behind Hoshi Clinic.
星クリニックの裏に薬局があります。

(7) The health center is two blocks from the subway station.
保健所は地下鉄駅から2区画のところにあります。

(8) Could you tell me the way to the movie theater?
映画館への行き方を教えていただけますか?

(9) Take the No. 7 bus and get off at the Sakura-dera bus stop.
7番バスに乗って,桜寺バス停で降りてください。

(10) Thank you for the directions.
道順を教えてくれてありがとう。

実践編

1. （ ）に入る最も適切な語句を選びましょう。

> behind～　　block　　corner　　street　　across from～
> between A and B　　go straight　　in front of～
> next to～　　turn left

(1) ～の隣に　　　　　（　　　　　　　　　　　　　　　）
(2) 通り　　　　　　　（　　　　　　　　　　　　　　　）
(3) ～の向かい側に　　（　　　　　　　　　　　　　　　）
(4) ～の前に　　　　　（　　　　　　　　　　　　　　　）
(5) まっすぐ行く　　　（　　　　　　　　　　　　　　　）
(6) １区画　　　　　　（　　　　　　　　　　　　　　　）
(7) 角　　　　　　　　（　　　　　　　　　　　　　　　）
(8) ～の裏側に　　　　（　　　　　　　　　　　　　　　）
(9) AとBの間に　　　（　　　　　　　　　　　　　　　）
(10) 左に曲がる　　　　（　　　　　　　　　　　　　　　）

2. 下の説明と地図を見て，次の(1)～(4)が地図のどこにあるのかを書きましょう。

(1) bakery　　(2) toy store　　(3) gas station　　(4) post office

- The bus stop is in front of the toy store.
- The post office is between the bakery and McDonald's.
- The bakery is next to the gas station.
- The gas station is across from the toy store.

Lesson 8 | Directions

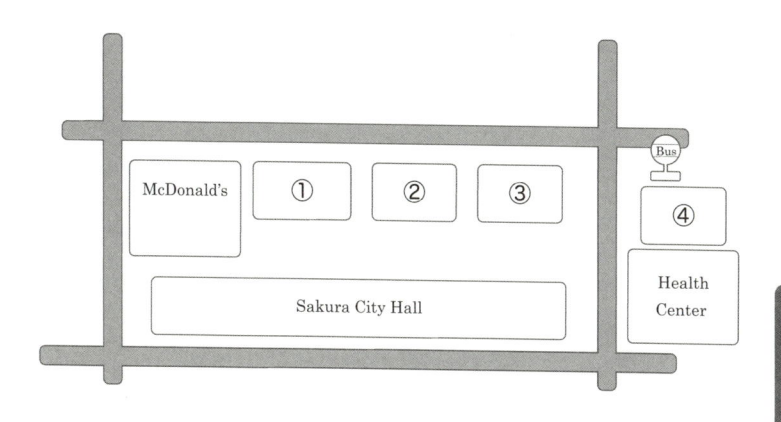

```
                          ┌──────┐
McDonald's   ①      ②      ③    │ Bus  │
                                 │  ④   │
                                 ├──────┤
         Sakura City Hall        │Health│
                                 │Center│
```

3. リスニングにチャレンジして，質問に答えましょう。　　TRACK 24

1. (1) What are they talking about?
    ① a beauty salon　　② a cake shop　　③ the first corner
   (2) When is the mother going to go there?
    ① next Friday　　② next Saturday　　③ next Sunday

2. (1) Where does the father want to go?
    ① the post office　　② Sakura Health Center
    ③ the bus stop
   (2) Which bus goes to the place?
    ① No.3　　② No.13　　③ No.30

MEMO

Lesson 9

Children's Games
園児の遊び

基礎編

1. 子どもたちの遊びに関する語句を覚えましょう。音声にしたがって発音してから，赤シートで語句を隠して繰り返し練習しましょう。

   TRACK 25

   (1) play tag　　　　　　　　　　　鬼ごっこをする
   (2) play house　　　　　　　　　　ままごとをする
   (3) play hide-and-seek　　　　　　かくれんぼする
   (4) play with clay / blocks　　　　ねんど／積み木で遊ぶ
   (5) play dress-up with dolls　　　着せかえごっこをする
   (6) play dodge ball　　　　　　　　ドッジボールをする
   (7) jump rope　　　　　　　　　　　なわとびをする
   (8) draw with crayons　　　　　　　クレヨンで絵を描く
   (9) play the "hero / princess" game　　ヒーロー／お姫さまごっこをする
   (10) ride a tricycle / unicycle　　　三輪車／一輪車に乗る

2. 次のフレーズを覚えましょう。音声にしたがって発音してから，赤シートでフレーズを隠して繰り返し練習しましょう。 TRACK **26**

(1) What do you want to do next?
つぎは何をしたい？

(2) I want to play with toy trains.
（おもちゃの）電車で遊びたい。

(3) Who is "it"?
（鬼ごっこの）鬼は誰？

(4) Let's play with puzzles.
パズルをしましょう。

(5) Pass me a pencil.
鉛筆をとってちょうだい。

(6) Can you play catch?
キャッチボールできる？

(7) I like to climb trees.
ぼく木登り好きだよ。

(8) How many times can you jump rope?
なわとびは何回飛べるかな？

(9) Which do you want to do, origami or coloring?
折り紙とぬり絵，どっちしたい？

(10) How about riding a tricycle?
三輪車に乗るのはどう？

実践編

1. （　）に入る最も適切な語句を選びましょう。

> draw with crayons　　jump rope　　play dodge ball
> play dress-up with dolls　　play hide-and-seek　　play house
> play tag　　play the "princess" game　　play with clay
> ride a tricycle

(1) かくれんぼする　　　　　（　　　　　　　　　　）
(2) なわとびをする　　　　　（　　　　　　　　　　）
(3) ドッジボールをする　　　（　　　　　　　　　　）
(4) 着せかえごっこをする　　（　　　　　　　　　　）
(5) 三輪車に乗る　　　　　　（　　　　　　　　　　）
(6) ねんどで遊ぶ　　　　　　（　　　　　　　　　　）
(7) 鬼ごっこをする　　　　　（　　　　　　　　　　）
(8) お姫さまごっこをする　　（　　　　　　　　　　）
(9) クレヨンで絵を描く　　　（　　　　　　　　　　）
(10) ままごとをする　　　　　（　　　　　　　　　　）

2. 日本語の意味に合うように次の語句を並べ替え，2番目と4番目の単語を番号で書きましょう。1語余分な単語があります。

(1) 外に出て，キャッチボールしよう。
　　（　　）（2番目）（　　）and（4番目）（　　）．
　　① outside　　② catch　　③ let's　　④ play
　　⑤ go　　　　⑥ ball

(2) 青いクレヨンとってちょうだい。

（　　）（2番目）（　　）（4番目）（　　）, please.

① a　　　　② me　　　　③ crayon　　④ take

⑤ blue　　　⑥ pass

(3) 積み木かパズルか，どちらで遊びたい？

Which do you want to （　　）（2番目），（　　）（4番目）（　　）?

① or　　　　② blocks　　③ play　　　④ and

⑤ puzzles　　⑥ with

(4) 昨日なわとび5回飛べたよ。

I could （　　）（2番目）（　　）（4番目）（　　）.

① jump　　　② yesterday　③ time　　　④ times

⑤ rope　　　⑥ five

3. リスニングにチャレンジして，子どもたちがどんな遊びをしているのかを聞き取りましょう。

TRACK 27

(1)	play hide-and-seek	play tag
(2)	play house	play dress-up with dolls
(3)	ride a bicycle	ride a tricycle

MEMO

Things in the Playground
園庭の遊具

基礎編

1. 園庭にある遊具の名前を覚えましょう。音声にしたがって発音してから，赤シートで語句を隠して繰り返し練習しましょう。

TRACK 28

(1) slide　　　　　　　　すべり台
(2) swing　　　　　　　　ブランコ
(3) jungle gym　　　　　　ジャングルジム
(4) seesaw　　　　　　　 シーソー
(5) climbing pole　　　　　のぼり棒
(6) monkey bars　　　　　うんてい
(7) chin-up bar　　　　　 鉄棒
(8) sandbox　　　　　　　砂場
(9) pail / bucket　　　　　バケツ
(10) shovel　　　　　　　 スコップ

2. 次のフレーズを覚えましょう。音声にしたがって発音してから、赤シートでフレーズを隠して繰り返し練習しましょう。 TRACK **29**

(1) We're making mud balls in the sandbox.
砂場で泥だんごつくってるの。

(2) I want to go down the slide.
すべり台したい。

(3) Line up here. / Wait in line here.
ここに並ぼうね。

(4) How about playing on the monkey bars?
うんていで遊ぶのはどう？

(5) Can anyone push me on the swing?
ブランコで誰か背中を押してくれる？

(6) Hang from the chin-up bar.
鉄棒にぶら下がって。

(7) Take turns after you slide twice.
（すべり台を）2回すべったら交代しようね。

(8) Who's next? / It's my turn.
つぎは誰ですか？／ぼくの番だよ。

(9) Wait for your turn and be patient.
あわてないで自分の番を待とうね。

(10) Don't let go of the climbing pole.
のぼり棒で手を離しちゃダメだよ。

実践編

1. （　）に入る最も適切な語句を選びましょう。

> pail　　sandbox　　seesaw　　shovel　　slide　　swing
> chin-up bar　　climbing pole　　jungle gym　　monkey bars

(1) 砂場　　　　　　（　　　　　　　　　　　　　）
(2) スコップ　　　　（　　　　　　　　　　　　　）
(3) すべり台　　　　（　　　　　　　　　　　　　）
(4) ジャングルジム　（　　　　　　　　　　　　　）
(5) バケツ　　　　　（　　　　　　　　　　　　　）
(6) 鉄棒　　　　　　（　　　　　　　　　　　　　）
(7) シーソー　　　　（　　　　　　　　　　　　　）
(8) ブランコ　　　　（　　　　　　　　　　　　　）
(9) うんてい　　　　（　　　　　　　　　　　　　）
(10) のぼり棒　　　　（　　　　　　　　　　　　　）

2. （　）に入る適切な語句を選んで番号で書きましょう。

(1) How (　　　) playing hide-and-seek?
　① in　　② with　　③ on　　④ about

(2) Let's line (　　　) here.
　① up　　② in　　③ after　　④ for

(3) Who wants to go (　　　) the slide?
　① in　　② with　　③ on　　④ down

Lesson 10 | **Things in the Playground**

(4) Can you wait (　　　) your turn?
　　① up　　② in　　③ by　　④ for

3. リスニングにチャレンジして，質問に答えましょう。　TRACK **30**

1. (1) Why did the teacher say, "Who's next?"
    ① Because the child didn't play on the monkey bars.
    ② Because the child didn't climb up the climbing pole.
    ③ Because the child didn't line up.
   (2) What did the teacher tell the child to do?
    ① Wait for his turn.　　② Stand up.
    ③ Climb up the pole.

2. (1) What does the child want to do?
    ① play on the slide　　② play on the swing
    ③ play on the jungle gym
   (2) When will the children take turns and change?
    ① after 5 times　　② after 10 times　　③ after 15 times

MEMO

Lesson 11

The Weather
天気

基礎編

1. 天気に関する語句を覚えましょう。音声にしたがって発音してから，赤シートで語句を隠して繰り返し練習しましょう。 TRACK 31

(1) sunny / cloudy / rainy　　晴れ／曇り／雨
(2) windy　　風が強い
(3) snowy　　雪の
(4) warm / cool　　暖かい／涼しい
(5) humid　　湿気の多い，むしむしする
(6) rainbow　　虹
(7) thunder　　雷
(8) weather forecast　　天気予報
(9) temperature　　気温
(10) ～degrees Celsius　　（摂氏）～度＝℃

2. 次のフレーズを覚えましょう。音声にしたがって発音してから,赤シートでフレーズを隠して繰り返し練習しましょう。　TRACK **32**

(1) The weather is nice today, so let's play outside.
いいお天気だから外で遊ぼう。

(2) It looks like it's going to rain.
雨が降りそうだね。

(3) A typhoon is approaching, so it's very windy.
台風が近づいているから風が強いね。

(4) It was hot and humid last night.
昨日の夜は蒸し暑かったね。

(5) It's the coldest day so far this winter.
この冬一番の冷え込みですね。

(6) It'll snow tomorrow morning.
明日の朝は雪になるでしょう。

(7) The weather forecast was right / wrong.
天気予報が当たったね/はずれたね。

(8) There is a heavy rain warning for Aichi Prefecture.
愛知県に大雨警報が出ています。

(9) What is the temperature today?
今日の気温はどのくらいかな?

(10) The temperature is 20 degrees Celsius.
気温は20℃です。

・実践編・

1. （　）に入る最も適切な語句を選びましょう。

> cloudy　humid　snowy　rainbow　temperature
> thunder　warm　windy　～degrees Celsius
> weather forecast

(1) 虹　　　　　　（　　　　　　　　　　　　　　　）
(2) むしむしする　（　　　　　　　　　　　　　　　）
(3) (摂氏)～度　　（　　　　　　　　　　　　　　　）
(4) 雪の　　　　　（　　　　　　　　　　　　　　　）
(5) 風が強い　　　（　　　　　　　　　　　　　　　）
(6) 雷　　　　　　（　　　　　　　　　　　　　　　）
(7) 暖かい　　　　（　　　　　　　　　　　　　　　）
(8) 天気予報　　　（　　　　　　　　　　　　　　　）
(9) 気温　　　　　（　　　　　　　　　　　　　　　）
(10) 曇り　　　　　（　　　　　　　　　　　　　　　）

2. 日本語の意味に合うように次の語句を並べ替え，2番目と4番目の単語を番号で書きましょう。1語余分な単語があります。

(1) 雨だから，お部屋の中で遊ぼうね。
　　Let's play (　　) (2番目) (　　) (4番目) (　　) day.
　　① because　　② rain　　③ rainy　　④ it's
　　⑤ a　　　　　⑥ inside

56　｜　*Lesson 11*　｜　**The Weather**

(2) 昨日はこの夏で一番暑い日だったね。

It was (　　) (2番目) (　　) (4番目) (　　) yesterday.

① hotter　　② hottest　　③ the　　④ summer

⑤ day　　⑥ this

(3) 東海地方に大雨警報が出ています。

There (　　) (2番目) (　　) (4番目) (　　) for the Tokai area.

① warning　　② is　　③ a　　④ rain　　⑤ are

⑥ heavy

(4) 今朝テレビで天気予報見ました。

I watched (　　) (2番目) (　　) (4番目) (　　) this morning.

① forecast　　② the　　③ weather　　④ in

⑤ TV　　⑥ on

3. リスニングにチャレンジして，天気と気温を聞き取りましょう。

TRACK 33

	Weather	Temperature
(1) Yesterday		℃
(2) Today		℃
(3) Tomorrow		℃

MEMO

Lesson 12

Mental & Physical Conditions
感情と体調

―― 基礎編 ――

1. 子どもの気持ちや状態をあらわす言葉を覚えましょう。音声にしたがって発音してから, 赤シートで語句を隠して繰り返し練習しましょう。

TRACK 34

(1) nervous　　　　　　　緊張している
(2) upset　　　　　　　　動揺している
(3) lonely　　　　　　　　寂しい
(4) grumpy　　　　　　　不機嫌な
(5) full / hungry　　　　　満腹な／空腹な
(6) thirsty　　　　　　　　のどが乾いた
(7) tired　　　　　　　　　疲れている
(8) excited / bored　　　　ワクワクしている／退屈な
(9) scared　　　　　　　　怖がって
(10) relax　　　　　　　　　リラックスする

2. 次のフレーズを覚えましょう。音声にしたがって発音してから、赤シートでフレーズを隠して繰り返し練習しましょう。　TRACK **35**

(1) My daughter is a shy girl.
娘は恥ずかしがり屋です。

(2) How was my son today?
息子は今日どんな様子でしたか？

(3) He seemed lonely because his mother was a little late.
彼はお母さんが来るのが少し遅かったので、寂しそうでした。

(4) I'm thirsty and I want something to drink.
のどが乾いたから、何か飲みたいな。

(5) We're not scared of insects.
ぼくたち虫なんか怖くないよ。

(6) How come you're angry with Hiro-kun?
どうしてヒロくんのこと怒っているの？

(7) Is he grumpy because he is hungry?
彼はお腹が空いてて機嫌が悪いのかな？

(8) My birthday is coming soon and I'm excited!
もうすぐお誕生日だから、ワクワクするわ！

(9) She looks tired.
彼女は疲れているようです。

(10) Can you say, "See you later!" to your mother?
ママに「行ってらっしゃい！」っていえるかな？

実践編

1. （　）に入る最も適切な語句を選びましょう。

bored	full	grumpy	lonely	nervous	relax
scared	thirsty	tired	upset		

(1) 怖がって　　　（　　　　　　　　　　　　）
(2) 退屈な　　　　（　　　　　　　　　　　　）
(3) リラックスする（　　　　　　　　　　　　）
(4) 寂しい　　　　（　　　　　　　　　　　　）
(5) 満腹な　　　　（　　　　　　　　　　　　）
(6) 緊張している　（　　　　　　　　　　　　）
(7) のどが乾いた　（　　　　　　　　　　　　）
(8) 動揺している　（　　　　　　　　　　　　）
(9) 疲れている　　（　　　　　　　　　　　　）
(10) 不機嫌な　　　（　　　　　　　　　　　　）

2. （　）に入る適切な語句を選んで番号で書きましょう。

(1) Ren hasn't eaten his banana even though it's his favorite. He must be (　　　).
　① full　　　② hungry　　　③ lonely　　　④ thirsty

(2) She didn't play or talk with friends all day. She looked angry and (　　　).
　① grumpy　　　② happy　　　③ funny　　　④ good

60　| *Lesson 12* | **Mental & Physical Conditions**

(3) Some boys told horror stories before nap time. Others cried and were (　　).

　① thirsty　　② tired　　③ shy　　④ scared

(4) Our school festival will be held this weekend. The children will be (　　).

　① upset　　② excited　　③ bored　　④ unhappy

3. リスニングにチャレンジして，質問に答えましょう。　TRACK **36**

1. (1) Why did the mother worry?

　① Because her son didn't say a word.

　② Because her son said a word.

　③ Because her son said "Good-bye".

(2) What did the teacher say?

　① He looks sad.　　② He looks nervous.

　③ He looks lonely.

2. (1) How was the child today?

　① happy　　② angry　　③ upset

(2) Why did she cry?

　① Because someone talked about insects.

　② Because someone brought insects to class.

　③ Because someone bit her.

MEMO

Crossword
Lesson 7〜12

Lesson7〜12の範囲で皆さんが学んだ次の英単語をクロスワードパズルに当てはめてみましょう。ヒントは一番下の"O"です。

corner	dentist
humid	nervous
slide	unicycle

Column 2 「じゃんけん」もいろいろある

　じゃんけんは，世界各国で行われます。英語圏の国々では，おもに"paper" "rock (stone)" "scissors" が使われています。言葉の順番は地域によってさまざまですが，勝ち負けの構図は同じです。

　　負　　　勝　　　　　負　　　勝　　　　　負　　　勝
　paper ＜ scissors　　scissors ＜ rock　　rock ＜ paper

「じゃんけんぽん！」というかけ声は，"Rock, paper, scissors, one, two, three!" の "Three!" と同時に，または "Rock, paper, scissors, shoot!" の "Shoot!" と同時に「ぐー」「ちょき」「ぱー」を出します。「あいこ」のときには，"One, two, three!" や "Shoot!" を繰り返します。

Lesson 13

Daily Schedule : A 5-Year-Olds' Class
日課：5歳児クラス

基礎編

1. 保育者の毎日の仕事に関する語句を覚えましょう。音声にしたがって発音してから，赤シートで語句を隠して繰り返し練習しましょう。

TRACK 37

(1) message notebook　　　　連絡帳
(2) morning assembly　　　　朝の会
(3) take attendance　　　　　出席をとる
(4) hug　　　　　　　　　　抱きしめる
(5) prepare ～　　　　　　　～の用意をする
(6) put away ～　　　　　　 ～を片づける
(7) take a nap　　　　　　　お昼寝をする
(8) wake ～ up　　　　　　 ～を起こす
(9) staff meeting　　　　　　職員会議
(10) daily class record　　　　保育日誌

2. 次のフレーズを覚えましょう。音声にしたがって発音してから，赤シートでフレーズを隠して繰り返し練習しましょう。　TRACK **38**

(1) I check the message notebooks every morning.
毎朝連絡帳を確認します。

(2) The children sit in a circle during the morning assembly.
朝の会で子どもたちは円になって座ります。

(3) I call the children's names and take attendance.
子どもたちの名前を呼んで出席をとります。

(4) I take the children to the rest room.
子どもたちをトイレに連れて行きます。

(5) I update the daily class record during nap time.
お昼寝の時間に保育日誌を書きます。

(6) I wake the children up before snack time.
おやつの時間の前に子どもたちを起こします。

(7) I set the tables before lunch.
昼食前にテーブルの用意をします。

(8) No talking!
おしゃべりしないでね！

(9) Who is ready to go home?
帰る支度ができた人は誰かな？

(10) There's a staff meeting once a week.
週に一度職員会議があります。

・――――――――{ 実践編 }――――――――・

1. （ ）に入る最も適切な語句を選びましょう。

> hug　　prepare～　　daily class record　　message notebook
> morning assembly　　put away～　　staff meeting
> take a nap　　take attendance　　wake～up

(1) 抱きしめる　　　（　　　　　　　　　　　　　　　　）
(2) ～を片づける　　（　　　　　　　　　　　　　　　　）
(3) 朝の会　　　　　（　　　　　　　　　　　　　　　　）
(4) 保育日誌　　　　（　　　　　　　　　　　　　　　　）
(5) ～の用意をする　（　　　　　　　　　　　　　　　　）
(6) お昼寝をする　　（　　　　　　　　　　　　　　　　）
(7) 出席をとる　　　（　　　　　　　　　　　　　　　　）
(8) ～を起こす　　　（　　　　　　　　　　　　　　　　）
(9) 職員会議　　　　（　　　　　　　　　　　　　　　　）
(10) 連絡帳　　　　　（　　　　　　　　　　　　　　　　）

2. 日本語の意味に合うように次の語句を並べ替え，2番目と4番目の単語を番号で書きましょう。1語余分な単語があります。

(1) 名前を呼ばれたら，大きな声で「はい！」ってお返事してね。
　　When your（　　）is（2番目），please（　　）（4番目）
　　（　　）.
　　① say　　　② call　　③ called　　④ "Here!"
　　⑤ name　　⑥ loudly

Lesson 13 | Daily Schedule : A 5-Year-Olds' Class

(2) 毎日保育日誌を書きます。

(　　) (2 番目) the (　　) (4 番目) (　　) everyday.

① class　② daily　③ download　④ update

⑤ I　⑥ record

(3) トイレに行きたい人は誰ですか？

(　　) (2 番目) to go to (　　) (4 番目) (　　)?

① room　② want　③ wants　④ who

⑤ rest　⑥ the

(4) 子どもたちが泣いたときには，抱きしめてあげます。

When (　　) (2 番目), (　　) (4 番目) (　　).

① hug　② lift　③ I　④ them　⑤ children

⑥ cry

3. リスニングにチャレンジして，保育士がどの時間帯の仕事をしているのかを書きましょう。

TRACK 39

(Arrival Time / Departure Time / Lunchtime / Music Time / Nap Time / Outdoor Playtime)

(1)		(4)	
(2)		(5)	
(3)		(6)	

MEMO

| 実践編 | 67

Lesson 14

Daily Schedule : A Toddlers' & Infants' Class
日課：乳幼児クラス

― 基礎編 ―

1. 保育者の毎日の仕事に関する語句を覚えましょう。音声にしたがって発音してから，赤シートで語句を隠して繰り返し練習しましょう。

TRACK **40**

(1)	toddler	幼児：2歳前後の子ども
(2)	infant	乳児：歩き始める前の0歳児
(3)	rock	揺り動かす
(4)	wipe ～	～を拭く
(5)	rinse / gargle	（口を）ゆすぐ／うがいをする
(6)	formula	粉ミルク
(7)	drool	よだれ
(8)	burp	げっぷ，げっぷをさせる
(9)	peek-a-boo	いないいないばあ
(10)	lullaby	子守唄

＊粉ミルクでも母乳でも，"milk" を使うことも多いです。

2. 次のフレーズを覚えましょう。音声にしたがって発音してから，赤シートでフレーズを隠して繰り返し練習しましょう。 TRACK 41

(1) I hold hands with the toddlers while we go for a walk.
散歩のときには幼児たちと手をつなぎます。

(2) I usually rock a baby to sleep.
赤ちゃんを揺らして眠らせます。

(3) Rinse your mouths after coming back to school.
園に戻ったら口をゆすごうね。

(4) I'm going to wipe your dirty hands and feet.
汚れた手と足を拭いてあげる。

(5) I take the infants for a walk in a baby carriage.
乳児をうば車に乗せて散歩に行きます。

(6) We feed the babies formula every three hours.
3時間毎に赤ちゃんたちにミルクを与えます。

(7) I try burping the babies after each feeding.
ミルクのあと赤ちゃんたちにげっぷをさせます。

(8) I tickle the children's tummies and make them laugh.
お腹をくすぐって子どもたちを笑わせます。

(9) I play peek-a-boo with the infants again and again.
乳児たちにいないいないばあを繰り返します。

(10) I sometimes lift the toddlers up and down.
ときどき幼児たちに，たかいたかいをしてあげます。

実践編

1. （　）に入る最も適切な語句を選びましょう。

burp	drool	formula	infant	lullaby
peek-a-boo	rinse	rock	toddler	wipe〜

(1) 子守唄　　　　　（　　　　　　　　　　　　　）
(2) 揺り動かす　　　（　　　　　　　　　　　　　）
(3) 幼児　　　　　　（　　　　　　　　　　　　　）
(4) 粉ミルク　　　　（　　　　　　　　　　　　　）
(5) よだれ　　　　　（　　　　　　　　　　　　　）
(6) 口をゆすぐ　　　（　　　　　　　　　　　　　）
(7) 〜を拭く　　　　（　　　　　　　　　　　　　）
(8) 乳児　　　　　　（　　　　　　　　　　　　　）
(9) げっぷ　　　　　（　　　　　　　　　　　　　）
(10) いないいないばあ（　　　　　　　　　　　　　）

2. （　）に入る適切な語句を選んで番号で書きましょう。

(1) The toddlers want me to (　　　) a lullaby at nap time.
　① clean　　② speak　　③ rock　　④ sing

(2) I sometimes (　　　) the children's bodies and make them laugh.
　① tickle　　② kick　　③ jump　　④ wash

(3) I often (　　　) children's drool.
　① play　　② wipe　　③ put　　④ eat

(4) Can you (　　　) with water well?
   ① gargle   ② hold   ③ burp   ④ feed

3. リスニングにチャレンジして，質問に答えましょう。　TRACK **42**

1. (1) What did the teacher tell the boy to do?
   ① wash his hands and feet
   ② rinse his mouth and lift his hands
   ③ rinse his mouth and wash his hands
   (2) Did he do that?
   ① No, he didn't.   ② Yes, at once.
   ③ Yes, after some time.

2. (1) How many times did the teacher feed the baby formula?
   ① once   ② twice   ③ three times
   (2) Why did the baby soon fall asleep?
   ① Because the teacher sang a lullaby.
   ② Because the teacher rocked her to sleep.
   ③ Because the teacher played peek-a-boo.

MEMO

Lesson 15

Lunchtime
ランチタイム

基礎編

1. ランチや食事に関する語句を覚えましょう。音声にしたがって発音してから、赤シートで語句を隠して繰り返し練習しましょう。

TRACK 43

(1)	yummy	おいしい（幼児語）
(2)	picky	好き嫌いがある
(3)	egg-free diet	卵除去食
(4)	chew	噛む
(5)	spill～	～をこぼす
(6)	one bite	一口
(7)	a bit more	もうちょっと
(8)	blow on～	～をフーフーする（～を冷ます）
(9)	bowl	お茶碗
(10)	be allergic to～	～にアレルギーがある

2. 次のフレーズを覚えましょう。音声にしたがって発音してから，赤シートでフレーズを隠して繰り返し練習しましょう。 TRACK **44**

(1) It looks delicious. / It smells good.
おいしそう。／いいにおい。

(2) We'll put your son on an egg-free diet.
息子さんには卵ぬきの食事をしてもらいましょう。

(3) Don't be picky.
好き嫌いしたらダメですよ。

(4) Hold your cup straight.
カップをまっすぐ持ってね。

(5) You ate everything.
全部食べたね。

(6) How about trying to eat one bite?
一口食べてみようか？

(7) Would you like to have some more milk?
牛乳もっと飲みたい？

(8) Are you finished already?
もうごちそうさま？

(9) Don't speak with your mouth full.
お口の中いっぱいにしておしゃべりしないでね。

(10) My son is allergic to eggs.
息子は卵アレルギーがあります。

• 実践編 •

1. （　）に入る最も適切な語句を選びましょう。

| bowl | chew | picky | spill〜 | yummy | a bit more |
| be allergic to〜 | | blow on〜 | egg-free diet | | one bite |

(1) 一口　　　　　　　　　（　　　　　　　　　　　　　）
(2) おいしい　　　　　　　（　　　　　　　　　　　　　）
(3) 噛む　　　　　　　　　（　　　　　　　　　　　　　）
(4) 〜をこぼす　　　　　　（　　　　　　　　　　　　　）
(5) もうちょっと　　　　　（　　　　　　　　　　　　　）
(6) 好き嫌いがある　　　　（　　　　　　　　　　　　　）
(7) 〜にアレルギーがある　（　　　　　　　　　　　　　）
(8) 〜をフーフーする　　　（　　　　　　　　　　　　　）
(9) 卵除去食　　　　　　　（　　　　　　　　　　　　　）
(10) お茶碗　　　　　　　　（　　　　　　　　　　　　　）

2. 日本語の意味に合うように次の語句を並べ替え、2番目と4番目の単語を番号で書きましょう。1語余分な単語があります。

(1) カップをまっすぐ持てますか？
Can（　　）（2番目）（　　）（4番目）（　　）？
① your　　② you　　③ hand　　④ hold
⑤ straight　　⑥ cup

Lesson 15 | Lunchtime

(2) 熱いから，スープをフーフーして食べましょうね。

（　　）（2番目） the （　　）（4番目）（　　） hot.

① because　② on　③ in　④ soup

⑤ blow　⑥ it's

(3) 卵にアレルギーがあるのよね？

（　　）（2番目）（　　）（4番目）（　　）, aren't you?

① to　② you　③ allergic　④ eggs

⑤ in　⑥ are

(4) もうちょっと食べてみましょうか？

How （　　）（2番目） to eat （　　）（4番目）（　　）?

① trying　② bit　③ bite　④ more

⑤ a　⑥ about

3. リスニングにチャレンジして，先生の言葉を選んで○で囲み，話題にしている食べ物や飲み物を英語で書きましょう。　TRACK **45**

	Teacher's Words	Food or Drink
(1)	Don't touch your mouth. Don't be picky.	
(2)	Don't hold your cup. Don't spill it.	
(3)	Don't speak with your mouth full. Don't chew well.	

MEMO

Lesson 16

Lunch Menu
ランチの献立

基礎編

1. 給食の食材や献立をあらわす言葉を覚えましょう。音声にしたがって発音してから，赤シートで語句を隠して繰り返し練習しましょう。

TRACK **46**

(1) meatball　　　　　　　肉団子
(2) cream stew　　　　　　クリームシチュー
(3) rice and miso soup　　　ご飯とみそ汁
(4) rice omelet　　　　　　オムライス
(5) croquette　　　　　　　コロッケ
(6) mushroom　　　　　　 きのこ
(7) cucumber　　　　　　　きゅうり
(8) spinach　　　　　　　　ほうれん草
(9) seaweed　　　　　　　　海藻
(10) pudding　　　　　　　　プリン

2. 次のフレーズを覚えましょう。音声にしたがって発音してから，赤シートでフレーズを隠して繰り返し練習しましょう。 TRACK **47**

(1) We're having curry and rice today.
今日はカレーライスだよ。

(2) You'll become strong if you eat green peppers.
ピーマン食べると強くなれるよ。

(3) How about trying to eat just a bit of celery?
セロリちょっとだけ食べてみようか？

(4) Wakame seaweed is good for you.
わかめは体にいいよ。

(5) I hate eggplants.
ナス嫌い。

(6) Children like pork cutlets very much.
子どもたちはトンカツが大好きです。

(7) What vegetables are in the miso soup?
おみそ汁にはどんな野菜が入ってるかな？

(8) What's your favorite dish for lunch?
好きなランチのおかずは何ですか？

(9) What's for dessert?
デザートは何？

(10) I wish I could eat hamburger steak for lunch every day.
毎日給食がハンバーグだったらいいのに。

・───── 実 践 編 ─────・

1. （　　）に入る最も適切な語句を選びましょう。

> croquette　　cucumber　　meatball　　mushroom
> pudding　　seaweed　　spinach　　cream stew
> rice and miso soup　　rice omelet

(1) コロッケ　　　　　（　　　　　　　　　　　　　　　）
(2) プリン　　　　　　（　　　　　　　　　　　　　　　）
(3) ほうれん草　　　　（　　　　　　　　　　　　　　　）
(4) ご飯とみそ汁　　　（　　　　　　　　　　　　　　　）
(5) 肉団子　　　　　　（　　　　　　　　　　　　　　　）
(6) きゅうり　　　　　（　　　　　　　　　　　　　　　）
(7) きのこ　　　　　　（　　　　　　　　　　　　　　　）
(8) クリームシチュー　（　　　　　　　　　　　　　　　）
(9) 海藻　　　　　　　（　　　　　　　　　　　　　　　）
(10) オムライス　　　　（　　　　　　　　　　　　　　　）

2. （　　）に入る適切な語句を選んで番号で書きましょう。

(1) It smells good. We're (　　　) hamburger steak for lunch today.
　① taking　　② looking at　　③ having　　④ drawing

(2) Why are shiitake mushrooms good (　　　) us?
　① on　　② at　　③ by　　④ for

(3) I ate just a bit (　　　) green peppers.
　① of　　② with　　③ on　　④ to

78　| **Lesson 16** | Lunch Menu

(4) Can I get strong if I (　　　) spinach?
　① eat　　　② paint　　　③ keep　　　④ buy

3. リスニングにチャレンジして，質問に答えましょう。　TRACK **48**

1. (1) What is on the menu?
   ① vegetable soup　　② vegetable stew　　③ oden stew
   (2) What is in it?
   ① carrot, onion, potato, green pea
   ② carrot, onion, tomato, cabbage
   ③ carrot, onion, potato, cabbage

2. (1) How many meatballs did the girl have altogether?
   ① two　　② three　　③ five
   (2) What did the teacher tell her to eat more?
   ① noodles　　② spaghetti　　③ spinach

MEMO

Lesson 17

Toilet Training
トイレット・トレーニング

基礎編

1. トイレや排泄(はいせつ)に関する語句を覚えましょう。音声にしたがって発音してから，赤シートで語句を隠して繰り返し練習しましょう。

   TRACK 49

   (1) pee　　　　　　　　　　　　おしっこ，おしっこをする
   (2) poo　　　　　　　　　　　　うんち，うんちをする
   (3) potty　　　　　　　　　　　おまる
   (4) bottom　　　　　　　　　　お尻
   (5) flush the toilet　　　　　　トイレの水を流す
   (6) loose / normal / hard stool　軟らかい／普通の／硬い便
   (7) wet the bed　　　　　　　　おねしょをする
   (8) wet one's pants　　　　　　おもらしする
   (9) plastic bag　　　　　　　　ビニール袋
   (10) change　　　　　　　　　　服を着替える

2. 次のフレーズを覚えましょう。音声にしたがって発音してから、赤シートでフレーズを隠して繰り返し練習しましょう。　TRACK 50

(1) I want to pee.
おしっこしたい。

(2) Do you have to go poo?
うんちかな？

(3) I want to go to the rest room.
トイレに行きたい。

(4) He had a bowel movement twice.
彼は2回うんちをしました。

(5) Let's take a potty break!
トイレの時間ですよ！

(6) Can you go by yourself?
ひとりで（トイレに）行けるかな？

(7) I wet my pants.
おもらししちゃった。

(8) I can't wait. / I can't hold it.
待てない。／おもらししそう。

(9) I made it in time.
間に合った。

(10) I'm finished. / I'm done.
終わったよ。／できたよ。

実践編

1. (　　) に入る最も適切な語句を選びましょう。

> bottom　　change　　pee　　poo　　potty
> flush the toilet　　normal stool　　plastic bag
> wet the bed　　wet one's pants

(1) お尻　　　　　　　　(　　　　　　　　　　　　　)
(2) トイレの水を流す　　(　　　　　　　　　　　　　)
(3) おもらしする　　　　(　　　　　　　　　　　　　)
(4) おねしょをする　　　(　　　　　　　　　　　　　)
(5) 服を着替える　　　　(　　　　　　　　　　　　　)
(6) ビニール袋　　　　　(　　　　　　　　　　　　　)
(7) うんち　　　　　　　(　　　　　　　　　　　　　)
(8) おしっこ　　　　　　(　　　　　　　　　　　　　)
(9) おまる　　　　　　　(　　　　　　　　　　　　　)
(10) 普通の便　　　　　　(　　　　　　　　　　　　　)

2. 日本語の意味に合うように次の語句を並べ替え，2番目と4番目の単語を番号で書きましょう。1語余分な単語があります。

(1) トイレに行きたいかな？
　Do (　　) (2番目) (　　) (4番目) to the (　　)?
　① to　　② you　　③ go　　④ want　　⑤ poo
　⑥ rest room

(2) ひとりで（トイレに）行けるかな？

(　　)（2番目)(　　)（4番目)(　　)?

① you　　② yourself　　③ can　　④ for
⑤ by　　⑥ go

(3) トイレの時間だよ！

(　　)（2番目)(　　)（4番目)(　　)!

① potty　　② a　　③ break　　④ let's
⑤ go　　⑥ take

(4) 濡れたパンツをこのビニール袋に入れようね。

Put your wet (　　)（2番目)(　　)（4番目)(　　).

① paper　　② pants　　③ in　　④ plastic
⑤ this　　⑥ bag

3. リスニングにチャレンジして，子どもたちがしたことを選び，○で囲みましょう。

TRACK **51**

(1)	made a poo	wiped his bottom	flushed the toilet
(2)	went to the potty	went to pee	wet her pants
(3)	wet the bed	put his sheet away	changed by himself

MEMO

Lesson 18

The Message Notebook
連絡帳

基礎編

1. 子どもの園での様子，連絡事項などをあらわす言葉を覚えましょう。音声にしたがって発音してから，赤シートで語句を隠して繰り返し練習しましょう。

TRACK 52

(1) have diarrhea　　　　　　　下痢をする
(2) be constipated　　　　　　便秘になる
(3) have an appetite / no appetite　食欲がある／ない
(4) get better / worse　　　　状態がよく／悪くなる
(5) adjust　　　　　　　　　　順応する
(6) keep quiet　　　　　　　　（静かに）黙っている
(7) get along with ～　　　　　～と仲よくする
(8) have a fight with ～　　　　～とけんかする
(9) make up with ～　　　　　 ～と仲直りする
(10) feel like ～ing　　　　　　～したい気がする

2. 次のフレーズを覚えましょう。音声にしたがって発音してから,赤シートでフレーズを隠して繰り返し練習しましょう。　TRACK 53

(1) He had diarrhea twice in the morning.
　　午前中 2 回下痢をしました。
(2) She had no appetite.
　　食欲がありませんでした。
(3) I gave him some medicine after lunch.
　　ランチのあとお薬を飲ませました。
(4) I hope he will get better soon.
　　早くよくなるといいですね。
(5) He looked very cheerful this morning.
　　今朝はとても機嫌がよさそうでした。
(6) She has no more extra clothes.
　　着替えがなくなりました。
(7) He kept quiet all day.
　　1 日中黙っていました。
(8) He got his pants muddy.
　　ズボンを(泥で)汚してしまいました。
(9) Kei-kun said, "I don't feel like eating any snacks."
　　ケイくんは「おやつ食べたくない」といいました。
(10) My daughter tends to be constipated these days.
　　この頃便秘になりがちです。

　　注記：連絡帳に記入するフレーズなので日本語の主語は省略しています。

:・――――――――: 実践編 :――――――――・

1. ( ) に入る最も適切な語句を選びましょう。

> adjust　　be constipated　　feel like ~ ing　　get along with ~
> get better　　have a fight with ~　　have diarrhea
> have no appetite　　keep quiet　　make up with ~

(1) 黙っている　　　　（　　　　　　　　　　　　　　）
(2) 食欲がない　　　　（　　　　　　　　　　　　　　）
(3) ～したい気がする　（　　　　　　　　　　　　　　）
(4) 順応する　　　　　（　　　　　　　　　　　　　　）
(5) 下痢をする　　　　（　　　　　　　　　　　　　　）
(6) 状態がよくなる　　（　　　　　　　　　　　　　　）
(7) ～と仲直りする　　（　　　　　　　　　　　　　　）
(8) 便秘になる　　　　（　　　　　　　　　　　　　　）
(9) ～と仲よくする　　（　　　　　　　　　　　　　　）
(10) ～とけんかする　　（　　　　　　　　　　　　　　）

2. ( ) に入る適切な語句を選んで番号で書きましょう。

(1) I don't feel like (　　　　) to the music.
　① dance　　② dancing　　③ to dance　　④ danced

(2) He had a fight with Rei-chan, but he (　　　　) up with her pretty soon.
　① made　　② kept　　③ put　　④ got

(3) She had (　　　　) big appetite and asked for another helping at lunchtime.
　① no　　② not　　③ a　　④ an

86　| *Lesson 18* | The Message Notebook

⑷ He will gradually adjust and (　　　) along with his classmates.

　① go　　　② get　　　③ come　　　④ play

3. リスニングにチャレンジして，先生が連絡帳に書いたことを聞きとり，質問に答えましょう。　　　TRACK 54

1. ⑴ How many times did the boy have diarrhea?
    ① once　　② twice　　③ three times
   ⑵ What did he find in the playground?
    ① a big grasshopper　　② a small grasshopper
    ③ a small spider

2. ⑴ What happened to the girl after snack time?
    ① She had a fight with her friend.
    ② She got her pants muddy.
    ③ She didn't feel like playing.
   ⑵ What does the teacher ask her mother to bring?
    ① some extra clothes　　② some shoes　　③ some towels

MEMO

Scrambled Words
Lesson 13〜18

Lesson13〜18の範囲で皆さんが学んだ単語のつづりがごちゃ混ぜにされていますので，正しく並べ替えましょう。

CTTADNNEAE　　　　　＿＿＿＿＿＿＿＿＿

TDROEDL　　　　　　＿＿＿＿＿＿＿

KCIYP　　　　　　　＿＿＿＿＿

TELMABLA　　　　　＿＿＿＿＿＿＿＿

POTYT　　　　　　　＿＿＿＿＿

ETAIETPP　　　　　　＿＿＿＿＿＿＿＿

Column ③ 注目をあびるキャラ弁

　キャラ弁とはキャラクター弁当の略語です。お弁当の中身を漫画やアニメなどのキャラクターや，動物，乗り物などの形にデザインしたお弁当のことです。

　昔から子どもたちがお弁当をたくさん食べてくれるようにと，ウインナーをタコやカニの形にしたり，野菜をハートや花の形などに切って，おかずを工夫することがありましたね。最近では，ご飯の上にそぼろやのりなどをのせて動物の形にしたり，アニメのヒーローの顔をつくったり，お花畑を再現したようなカラフルな飾りつけをしたりと，絵のような芸術的なお弁当も見かけます。

　お弁当グッズもシリコンカップなど，繰り返し使える物や，きれいな色のバランやピックも多く販売されるようになりました。じつは海外でも最近，日本のキャラ弁が紹介されて注目をあびています。

Lesson 19

Fighting
けんか

基礎編

1. けんかやトラブルに関する語句を覚えましょう。音声にしたがって発音してから，赤シートで語句を隠して繰り返し練習しましょう。

TRACK 55

(1) pinch　　　　　　　　つねる
(2) push someone's back　～の背中を押す
(3) bite　　　　　　　　　噛みつく
(4) pull　　　　　　　　　引っぱる
(5) scratch　　　　　　　ひっかく
(6) give ～ back　　　　　～を返す
(7) grab　　　　　　　　　横取りする
(8) shout at ～　　　　　　～に大声で叫ぶ，～に怒鳴る
(9) make a noise　　　　　音を立てる
(10) make a mess　　　　　散らかす

2. 次のフレーズを覚えましょう。音声にしたがって発音してから,赤シートでフレーズを隠して繰り返し練習しましょう。　TRACK **56**

(1) What's the matter (with you)?
どうしたの?

(2) I didn't mean to.
わざとじゃないよ。

(3) Give my blocks back.
ぼくの積み木返してよ。

(4) What can we do?
どうしたらいいかな?

(5) Do you have any good ideas?
何かいい考えはないかな?

(6) Don't shout at each other.
二人とも怒鳴らないでね。

(7) Don't grab the toy your friend is playing with.
お友だちが遊んでるおもちゃを横取りしちゃダメ。

(8) Don't be rude.
態度が悪いですよ。

(9) Don't make a loud noise.
大きな音を立てないでね。

(10) Share the crayons with your friends.
お友だちと一緒にクレヨン使おうね。

実践編

1. （　）に入る最も適切な語句を選びましょう。

> bite　　grab　　pull　　pinch　　scratch　　give～back
> make a mess　　make a noise　　push someone's back
> shout at～

(1) 噛みつく　　　　　（　　　　　　　　　　　　　）
(2) ～を返す　　　　　（　　　　　　　　　　　　　）
(3) つねる　　　　　　（　　　　　　　　　　　　　）
(4) ～の背中を押す　　（　　　　　　　　　　　　　）
(5) ～に大声で叫ぶ　　（　　　　　　　　　　　　　）
(6) 引っぱる　　　　　（　　　　　　　　　　　　　）
(7) 散らかす　　　　　（　　　　　　　　　　　　　）
(8) 横取りする　　　　（　　　　　　　　　　　　　）
(9) ひっかく　　　　　（　　　　　　　　　　　　　）
(10) 音を立てる　　　　（　　　　　　　　　　　　　）

2. 日本語の意味に合うように次の語句を並べ替え，2番目と4番目の単語を番号で書きましょう。1語余分な単語があります。

(1) どうしてお友だちに怒鳴ったの？
　　Why did (　　)（2番目）(　　)（4番目）(　　)?
　　① shout　　② bite　　③ you　　④ your
　　⑤ friends　　⑥ at

Lesson 19 | Fighting

(2) 誰かいい考えがある人いるかな？

　Does (　　) (2番目) (　　) (4番目) (　　)?

　① have　　② has　　③ a　　④ idea　　⑤ good

　⑥ anyone

(3) カンタくんと一緒にクレヨン使えるかな？

　Can (　　) (2番目) (　　) (4番目) (　　) Kanta-kun?

　① the　　② papers　　③ share　　④ crayons

　⑤ with　　⑥ you

(4) 大きな音を立てないでね。

　(　　) (2番目) (　　) (4番目) (　　).

　① make　　② don't　　③ small　　④ noise

　⑤ a　　⑥ loud

3. リスニングにチャレンジして，子どもがしたことを選んで○で囲み，どんな遊びをしていた時かを英語で書きましょう。　TRACK **57**

	What the child did	**What the child was playing with**
(1)	hit Kumi's face　　scratch Kumi's face	
(2)	bite Saki's arm　　pinch Saki's cheek	
(3)	make a mess　　stand on the table	

MEMO

Lesson 20

The Face & Body
身体の部位

基礎編

1. 顔や身体に関する語句を覚えましょう。音声にしたがって発音してから，赤シートで語句を隠して繰り返し練習しましょう。 TRACK 58

(1) raise one's hand　　　　　　　手をあげる
(2) cross one's arms　　　　　　　腕を組む
(3) get taller　　　　　　　　　　背が伸びる
(4) gain weight　　　　　　　　　体重が増える
(5) clap one's hands　　　　　　　手をたたく
(6) carry ~ on one's back　　　　　~をおんぶする
(7) ride on someone's shoulders　　肩車してもらう
(8) wrist　　　　　　　　　　　　手首
(9) ankle　　　　　　　　　　　　足首
(10) stomach (tummy)　　　　　　おなか（ぽんぽん：幼児語）

2. 次のフレーズを覚えましょう。音声にしたがって発音してから,赤シートでフレーズを隠して繰り返し練習しましょう。　TRACK **59**

(1) Raise both your hands.
　両手をあげて。
(2) Carry me on your back.
　おんぶして。
(3) You gained weight.
　重くなったね。
(4) Let's clap hands twice to the music.
　音楽に合わせて2回手をたたきましょう。
(5) Shake hands and make up.
　握手して仲直りしよう。
(6) Do you want to ride on my shoulders?
　肩車してほしい？
(7) Bend your knees.
　(両方の) 膝を曲げてごらん。
(8) Don't put your elbows on the table.
　テーブルに肘ついちゃダメだよ。
(9) Where is your bellybutton?
　おへそはどこかな？
(10) Don't touch your head or face while eating.
　食事のときには頭や顔をさわらないでね。

実践編

1. ( ) に入る最も適切な語句を選びましょう。

> ankle   stomach   wrist   carry 〜 on one's back
> clap one's hands   cross one's arms   gain weight
> get taller   raise one's hand   ride on someone's shoulders

(1) 体重が増える　（　　　　　　　　　　）
(2) 腕を組む　　　（　　　　　　　　　　）
(3) 手をあげる　　（　　　　　　　　　　）
(4) 足首　　　　　（　　　　　　　　　　）
(5) おなか　　　　（　　　　　　　　　　）
(6) 手首　　　　　（　　　　　　　　　　）
(7) 手をたたく　　（　　　　　　　　　　）
(8) 〜をおんぶする（　　　　　　　　　　）
(9) 肩車してもらう（　　　　　　　　　　）
(10) 背が伸びる　　（　　　　　　　　　　）

2. ( ) に入る適切な語句を選んで番号で書きましょう。

(1) Let's (　　　　) hands three times to the music.
　① wash　　② check　　③ clap　　④ keep
(2) When you swing back on the swing, (　　　　) your knees.
　① bend　　② play　　③ jump　　④ touch
(3) Do you like (　　　　) on your father's shoulders?
　① riding　　② wiping　　③ kicking　　④ biting

Lesson 20 | The Face & Body

(4) Don't (　　　) your elbows on the table while eating.
　① clap　　② cross　　③ put　　④ raise

3. リスニングにチャレンジして，質問に答えましょう。　　TRACK **60**

1. (1) How many times did the boy jump up and down?
　　① once　　② twice　　③ three times
　(2) What did the boy touch?
　　① his right ankle with his left hand
　　② his left ankle with his left hand
　　③ his right ankle with his right hand

2. (1) What did the girl want the teacher to do?
　　① carry her in the teacher's arms
　　② carry her on the teacher's back
　　③ put her on the teacher's shoulders
　(2) What did she want to tell the teacher?
　　① She got taller.　　② She gained weight.
　　③ She lost weight.

MEMO

Lesson 21

Injuries & Illnesses
けがと病気

基礎編

1. けがや病気に関する語句を覚えましょう。音声にしたがって発音してから，赤シートで語句を隠して繰り返し練習しましょう。

   TRACK **61**

   (1) be injured / hurt　　　けがをする
   (2) get a bruise　　　　　あざができる
   (3) sprain one's ankle　　足首をくじく
   (4) have a sore throat　　のどが痛い
   (5) get a rash　　　　　　発疹が出る
   (6) have a fever　　　　　熱がある
   (7) have a stomachache　　おなかが痛い
   (8) have a runny nose　　 鼻水が出る
   (9) sneeze　　　　　　　　くしゃみをする
   (10) have chicken pox　　 水ぼうそうになる

2. 次のフレーズを覚えましょう。音声にしたがって発音してから，赤シートでフレーズを隠して繰り返し練習しましょう。　TRACK **62**

(1) I hit my head against the chin-up bar.
鉄棒に頭をぶつけちゃった。

(2) You got a bump on your forehead.
おでこにこぶができたね。

(3) Did you catch your finger in the door?
ドアに指はさんだの？

(4) I have a nosebleed.
鼻血が出ちゃった。

(5) Do you have a toothache?
歯が痛いの？

(6) You have a slight fever.
微熱があるね。

(7) You're coughing.
咳が出るね。

(8) Is your head itchy?
頭がかゆいの？

(9) She may have the measles.
はしかにかかっているかもしれません。

(10) The flu is going around the school.
インフルエンザが園で流行っています。

· 実践編 ·

1. （　）に入る最も適切な語句を選びましょう。

> sneeze　　be hurt　　get a bruise　　get a rash
> have a fever　　have a runny nose　　have a sore throat
> have a stomachache　　have chicken pox　　sprain one's ankle

(1) のどが痛い　　　　（　　　　　　　　　　　　　　）
(2) あざができる　　　（　　　　　　　　　　　　　　）
(3) 足首をくじく　　　（　　　　　　　　　　　　　　）
(4) 発疹が出る　　　　（　　　　　　　　　　　　　　）
(5) けがをする　　　　（　　　　　　　　　　　　　　）
(6) 熱が出る　　　　　（　　　　　　　　　　　　　　）
(7) くしゃみをする　　（　　　　　　　　　　　　　　）
(8) おなかが痛い　　　（　　　　　　　　　　　　　　）
(9) 鼻水が出る　　　　（　　　　　　　　　　　　　　）
(10) 水ぼうそうになる　（　　　　　　　　　　　　　　）

2. 日本語の意味に合うように次の語句を並べ替え，2番目と4番目の単語を番号で書きましょう。1語余分な単語があります。

(1) インフルエンザが園で流行っていますか？
　Is（　　）（2番目）（　　）（4番目）the（　　）？
　　① flu　　　　② around　　③ the　　　④ popular
　　⑤ going　　　⑥ school

Lesson 21 | Injuries & Illnesses

(2) ころんで，おでこにこぶができちゃった。

I fell down and (　　)（2番目）(　　)（4番目）my (　　).

① bump　② on　③ head　④ forehead
⑤ a　⑥ got

(3) おなかのまわりに発疹が出てるね。

(　　)（2番目）(　　)（4番目）(　　) your stomach.

① a　② got　③ you've　④ bruise
⑤ rash　⑥ around

(4) ドアに指はさんじゃったのね。

(　　)（2番目）your (　　)（4番目）(　　) door.

① you　② in　③ on　④ finger
⑤ the　⑥ caught

3. リスニングにチャレンジして，子どもの状態と先生がどのように対処したのかを選び，〇で囲みましょう。　TRACK **63**

(1)	The girl got a (bruise / bump). Her teacher will ask (the principal / the nurse) for help.
(2)	The boy has a (fever / sore throat). His teacher told him to (gargle / take medicine).
(3)	The girl has a (nosebleed / runny nose). Her teacher let her (lie down / sit still) for a while.

MEMO

Lesson 22

First Aid & Medical Care
救急処置

基礎編

1. 応急処置や薬などをあらわす言葉を覚えましょう。音声にしたがって発音してから、赤シートで語句を隠して繰り返し練習しましょう。

   TRACK 64

   (1) Band-Aid　　　　　　　バンドエイド
   (2) gauze　　　　　　　　ガーゼ
   (3) bandage　　　　　　　包帯
   (4) ice pack　　　　　　　保冷剤
   (5) soft gel sheet　　　　　（冷たく感じる）ジェル状のシート
   (6) eye drops　　　　　　目薬
   (7) mask　　　　　　　　マスク
   (8) medicine　　　　　　　薬
   (9) cough syrup　　　　　咳止めシロップ
   (10) ointment　　　　　　　ぬり薬

2. 次のフレーズを覚えましょう。音声にしたがって発音してから，赤シートでフレーズを隠して練習しましょう。

TRACK **65**

(1) I'll cover the cut with gauze.
切り傷にガーゼ貼ってあげるね。

(2) I put an ice pack over the bump.
こぶに保冷剤を当てました。

(3) I'll put some ointment on the rash.
発疹にぬり薬つけてあげるね。

(4) Can you take the medicine by yourself?
ひとりでお薬飲める？

(5) I put eye drops in your son's eyes twice.
息子さんに目薬を2回差しました。

(6) I cooled the burned area under cold running water.
やけどをした部分を流水で冷やしました。

(7) I put a Band-Aid over the injured area.
怪我した部分にバンドエイドをしました。

(8) I'll keep a closer watch on the children.
子どもたちをもっと注意して見るようにします。

(9) I let her lie down for a while.
しばらくの間彼女を寝かせました。

(10) You should see a doctor.
診察を受けてください。

実践編

1. （　）に入る最も適切な語句を選びましょう。

> bandage　　Band-Aid　　gauze　　mask　　medicine
> ointment　　cough syrup　　eye drops　　ice pack
> soft gel sheet

(1) 保冷剤　　　　　　（　　　　　　　　　　　　　　　）
(2) ぬり薬　　　　　　（　　　　　　　　　　　　　　　）
(3) ガーゼ　　　　　　（　　　　　　　　　　　　　　　）
(4) 薬　　　　　　　　（　　　　　　　　　　　　　　　）
(5) マスク　　　　　　（　　　　　　　　　　　　　　　）
(6) 包帯　　　　　　　（　　　　　　　　　　　　　　　）
(7) ジェル状のシート　（　　　　　　　　　　　　　　　）
(8) バンドエイド　　　（　　　　　　　　　　　　　　　）
(9) 咳止めシロップ　　（　　　　　　　　　　　　　　　）
(10) 目薬　　　　　　　（　　　　　　　　　　　　　　　）

2. （　）に入る適切な語句を選んで番号で書きましょう。

(1) Can you put eye drops (　　　) your eyes by yourself?
　① in　　② on　　③ over　　④ to
(2) I'll put some ointment (　　　) the rash after lunch.
　① at　　② in　　③ on　　④ to
(3) I put an ice pack (　　　) the injured area.
　① in　　② over　　③ to　　④ with

(4) I'm going to cover the cut (　　　) a Band-Aid.

　① at　　② by　　③ over　　④ with

3. 先生がお迎えに来たお母さんに，怪我について説明します。リスニングにチャレンジして，質問に答えましょう。　TRACK 66

1. (1) What happened to Mina-chan?

　① She cut her knee.　　② She cut her finger.

　③ She cut her elbow.

(2) What did the teacher do for her?

　① She covered the cut with a Band-Aid.

　② She covered the cut with a bandage.

　③ She covered the cut with gauze.

2. (1) What happened to Haru-kun?

　① The ball hit his head.　　② The ball hit his forehead.

　③ The ball hit his shoulder.

(2) What did the teacher do for him?

　① She put an ice pack and let him lie down.

　② She put a chemical cold pack and let him lie down.

　③ She put a chemical cold pack and let him sit still.

MEMO

Lesson 23

Telephone Calls
電話の応対

基礎編

1. 電話の応対に関する語句を覚えましょう。音声にしたがって発音してから，赤シートで語句を隠して繰り返し練習しましょう。

TRACK **67**

(1) This is ～ speaking. （こちらは）～です
(2) make a call 電話をかける
(3) have a call from ～ ～から電話を受ける
(4) call ～ to the phone ～を電話口に呼び出す
(5) answer the phone 電話に出る
(6) be on another line ほかの電話に出ている
(7) talk on the phone 電話で話す
(8) hold on （電話を切らないで）待つ
(9) hang up 電話を切る
(10) speak louder もっと大きな声で話す

2. 次のフレーズを覚えましょう。音声にしたがって発音してから，赤シートでフレーズを隠して繰り返し練習しましょう。 TRACK **68**

(1) Hello, this is Himawari Nursery School.
もしもし，ひまわり保育園です。

(2) This is Sato speaking.
（こちらは）佐藤です。

(3) May I speak to Ono-sensei?
小野先生に代わっていただけますか？

(4) You have a call from Bob's mother.
ボブくんのお母さんからお電話です。

(5) Could you speak a little louder?
もう少し大きな声で話していただけますか？

(6) Hold on, please.
（電話を切らないで）お待ちください。

(7) Suzuki-sensei is on another line now.
今，鈴木先生はほかの電話に出ています。

(8) Miyachi-sensei is at the meeting.
宮地先生は会議中です。

(9) Nobody is answering.
誰も出ません。

(10) Please hang up and wait for us to call you back.
いったん電話を切って，お待ちください。

● 実践編 ●

1. （　）に入る最も適切な語句を選びましょう。

> answer the phone　　be on another line　　call ～ to the phone
> hang up　　have a call from ～　　hold on　　make a call
> speak louder　　talk on the phone　　This is ～ speaking.

(1) ～を電話口に呼び出す　　（　　　　　　　　　　）
(2) ～から電話を受ける　　（　　　　　　　　　　）
(3) 電話で話す　　（　　　　　　　　　　）
(4) ほかの電話に出ている　　（　　　　　　　　　　）
(5) 電話に出る　　（　　　　　　　　　　）
(6) 電話を切る　　（　　　　　　　　　　）
(7) もっと大きな声で話す　　（　　　　　　　　　　）
(8) 電話をかける　　（　　　　　　　　　　）
(9) （こちらは）～です　　（　　　　　　　　　　）
(10) （電話を切らないで）待つ　　（　　　　　　　　　　）

2. 日本語の意味に合うように次の語句を並べ替え、2番目と4番目の単語を番号で書きましょう。1語余分な単語があります。

(1) 園長先生に代わっていただけますか？
　　（　　　）（2番目）（　　　）（4番目）the（　　　）?
　　① speak　　② principal　　③ may　　④ to
　　⑤ you　　⑥ I

108 | *Lesson 23* | Telephone Calls

(2) ノリくんのおばあちゃんからお電話です。

You ( ) (2 番目) ( ) (4 番目) Nori-kun's ( ).

① for　　② from　　③ a　　④ call　　⑤ have

⑥ grandmother

(3) 今，主任の先生はほかの電話に出ています。

Our ( ) teacher (2 番目) ( ) (4 番目) ( ) now.

① on　　② another　　③ other　　④ is

⑤ line　　⑥ head

(4) 電話をかけましたが，誰も出ませんでした。

I ( ) (2 番目) ( ), but (4 番目) ( ).

① made　　② somebody　　③ nobody

④ answered　　⑤ a　　⑥ call

3. リスニングにチャレンジして，電話の内容を選んで○で囲みましょう。

TRACK **69**

	Caller	Message
(1)	Mrs. Yamamoto Mrs. Yamato	Her daughter will be late. Her daughter will be absent.
(2)	Mrs. Sumita Mrs. Smith	She wants to talk to Yamada-sensei. She wants to talk to her son.

MEMO

Lesson 24

Telephone Messages
留守番電話

基礎編

1. 電話, FAX, メールなどで伝えるメッセージに関する語句を覚えましょう。音声にしたがって発音してから, 赤シートで語句を隠して繰り返し練習しましょう。 TRACK 70

(1) take a message　　　伝言を受ける
(2) leave a message　　伝言を残す
(3) answering machine　留守番電話（機）
(4) email all　　　　　　全員にメールを送る
(5) cell / smart phone　携帯電話／スマートフォン
(6) ASAP　　　　　　　至急, できるだけ早く：as soon as possible
(7) turn off　　　　　　電源を切る
(8) silent mode　　　　（携帯の）マナーモード
(9) busy　　　　　　　（電話が）お話し中の
(10) call ~ back　　　　～にあとで電話する

2. 次のフレーズを覚えましょう。音声にしたがって発音してから，赤シートでフレーズを隠して繰り返し練習しましょう。　TRACK 71

(1) May (Can) I take a message?
伝言をお聞きしましょうか？

(2) Can I leave a message for Mano-sensei?
真野先生に伝言をお願いできますか？

(3) I'll tell her to call you back.
彼女にあとで電話するように伝えます。

(4) Please reply to this mail ASAP.
至急メールのお返事をお願いします。

(5) No response needed (NRN).
返信不要です。

(6) Please leave a message after the beep.
発信音のあとでメッセージをどうぞ。

(7) I turned my cell phone off.
携帯電話の電源を切りました。

(8) The line is busy.
お話し中です。

(9) My cell phone was on silent mode.
携帯をマナーモードにしていました。

(10) I'm sorry to bother you at work.
お仕事中にお邪魔してすみません。

• ──────────── 実践編 ──────────── •

1. （　）に入る最も適切な語句を選びましょう。

> ASAP　　busy　　answering machine　　call〜back
> email all　　leave a message　　silent mode
> smart phone　　take a message　　turn off

(1) マナーモード　　　　　　（　　　　　　　　　　　　　　）
(2) 至急　　　　　　　　　　（　　　　　　　　　　　　　　）
(3) スマートフォン　　　　　（　　　　　　　　　　　　　　）
(4) 全員にメールを送る　　　（　　　　　　　　　　　　　　）
(5) 電源を切る　　　　　　　（　　　　　　　　　　　　　　）
(6) 伝言を残す　　　　　　　（　　　　　　　　　　　　　　）
(7) 留守番電話（機）　　　　（　　　　　　　　　　　　　　）
(8) 〜にあとで電話する　　　（　　　　　　　　　　　　　　）
(9) （電話が）お話し中の　　（　　　　　　　　　　　　　　）
(10) 伝言を受ける　　　　　　（　　　　　　　　　　　　　　）

2. （　）に入る適切な語句を選んで番号で書きましょう。

(1) Please leave a message (　　　) the beep.
　① before　　② after　　③ with　　④ in

(2) My cell phone was (　　　) silent mode, so I didn't notice your call.
　① with　　② on　　③ at　　④ for

(3) Would you reply (　　　) this mail ASAP?
　① in　　② with　　③ for　　④ to

112 | *Lesson 24* | Telephone Messages

(4) I'm sorry to bother you (　　) work.

① on　　　② at　　　③ in　　　④ off

3. リスニングにチャレンジして，質問に答えましょう。　TRACK 72

1. (1) What is the message about?
    ① class observation
    ② recycling clothes
    ③ parents' meeting
   (2) When are they going to do it?
    ① next week　② next month　③ not decided

2. (1) What has been going around at the school?
    ① chicken pox　② diarrhea　③ the flu
   (2) When will the school be closed?
    ① today　② tomorrow　③ today and tomorrow

MEMO

Crossword
Lesson 19〜24

Lesson19〜24の範囲で皆さんが学んだ次のフレーズをクロスワードパズルに当てはめてみましょう。ヒントは"Down"の3番の文字列にある"E"です。

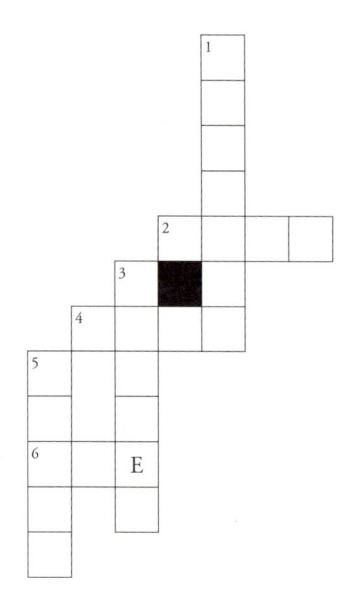

Down:
1. She's not here. May I take a m_____?
3. I can't hear you. Can you speak l_____?
5. Don't make a n_____.

Across:
2. Carry me on your b_____.
4. I have a runny n_____.
6. I'll put an _____ pack over the bump.

Column 4

Kiss it and make it well!

　子どもが怪我をしたとき「痛いの痛いの，飛んでけ！」と大人やまわりの友だちが声をかけることがあります。欧米でも"Kiss it and make it well!"というおまじないの言葉があります。この言葉で痛いのを少し我慢できたり，痛みが減ることもあるかもしれません。絆創膏にキャラクターの絵をマジックで描いたり，かわいい絆創膏を貼ってあげるだけでも，涙が止まって笑顔になる子もいます。思いやりの言葉かけは，どの国でも大切なのだと思います。

　小さな子どもの回復を気遣う言葉は，このほかにも以下のような言葉があります。保育者を目指す皆さんは，ぜひ覚えておいてください。

・Let me kiss it and make it go away!
　キスしたら痛いのが飛んで行くよ！
・I hope you will get better soon!　　早くよくなるといいね！
・Have a good recovery!　　　　　　治りますように！
・You have a boo boo!　　　　　　　怪我しちゃったねー！

Lesson 25

Field Trips
遠足

基礎編

1. 遠足に関する語句を覚えましょう。音声にしたがって発音してから、赤シートで語句を隠して繰り返し練習しましょう。 TRACK 73

   (1) aquarium　　　　　　　　水族館
   (2) amusement park　　　　　遊園地
   (3) art museum　　　　　　　美術館
   (4) farm　　　　　　　　　　農場, 農園
   (5) go on a field trip　　　　　遠足に行く
   (6) watch a puppet show　　　人形劇を見る
   (7) take a train　　　　　　　電車に乗る
   (8) go by subway　　　　　　地下鉄で行く
   (9) chartered bus　　　　　　貸切バス
   (10) picnic blanket　　　　　　レジャーシート, しきもの

2. 次のフレーズを覚えましょう。音声にしたがって発音してから,赤シートでフレーズを隠して繰り返し練習しましょう。　TRACK 74

(1) We're going on a field trip next Thursday.
来週の木曜日に遠足に行きます。

(2) How will we get to the zoo?
動物園にはどのように行くのですか？

(3) We'll take a train.
電車に乗って行きます。

(4) Where do we meet?
集合場所はどこですか？

(5) At the north exit of Sakura Station.
桜駅北口です。

(6) Please be sure to come to the station by 9:00 a.m.
午前9時までに駅に来てください。

(7) The children should dress in comfortable clothing.
お子さんは動きやすい服装にしてください。

(8) If it rains, we'll postpone the field trip.
雨が降ったら遠足は延期します。

(9) The decision will be made by 6 o'clock in the morning.
朝6時までに決定します。

(10) In case of postponement, we'll email everyone.
延期の場合はみなさんにメールでお知らせします。

実践編

1. ( ) に入る最も適切な語句を選びましょう。

> aquarium　　farm　　amusement park　　art museum
> chartered bus　　go by subway　　go on a field trip
> picnic blanket　　take a train　　watch a puppet show

(1) 地下鉄で行く　　(　　　　　　　　　　　　)
(2) 電車に乗る　　　(　　　　　　　　　　　　)
(3) 農場　　　　　　(　　　　　　　　　　　　)
(4) 水族館　　　　　(　　　　　　　　　　　　)
(5) 貸切バス　　　　(　　　　　　　　　　　　)
(6) 遊園地　　　　　(　　　　　　　　　　　　)
(7) 人形劇を見る　　(　　　　　　　　　　　　)
(8) 美術館　　　　　(　　　　　　　　　　　　)
(9) レジャーシート　(　　　　　　　　　　　　)
(10) 遠足に行く　　　(　　　　　　　　　　　　)

2. 日本語の意味に合うように次の語句を並べ替え、2番目と4番目の単語を番号で書きましょう。1語余分な単語があります。

(1) 明日は親子遠足に行きますよ。
　　We're (　　)（2番目）(　　)（4番目）(　　) with your parents tomorrow.
　　　① on　　② trip　　③ going　　④ to　　⑤ a
　　　⑥ field

Lesson 25 | Field Trips

(2) 雨が降ったら，遠足は延期します。

　　If (　　) (2 番目), (　　) (4 番目) (　　) field trip.

　　① the　　② postpone　　③ rains　　④ raining

　　⑤ it　　⑥ we'll

(3) 午前 6 時半までには決定します。

　　The (　　) (2 番目) (　　) (4 番目) (　　) 6:30 a.m.

　　① be　　② is　　③ will　　④ decision

　　⑤ made　　⑥ by

(4) レジャーシートを忘れないでね。

　　Don't (　　) (2 番目) (　　) your (4 番目) (　　).

　　① bring　　② picnic　　③ forget　　④ you

　　⑤ blanket　　⑥ to

3. リスニングにチャレンジして，遠足について足りない部分を英語で書きましょう。

TRACK **75**

	Date	Destination	Meeting Place	Meeting Time
(1)		Nagoya Aquarium	South Exit of Sakura Station	a.m.
(2)		Animal Park		a.m.
(3)	November 12			a.m.

MEMO

実践編　119

Lesson 26

Annual School Calendar
年間行事予定

基礎編

1. 年間行事をあらわす言葉を覚えましょう。音声にしたがって発音してから，赤シートで語句を隠して繰り返し練習しましょう。

TRACK **76**

(1) entrance ceremony — 入園式
(2) health checkup — 健康診断
(3) Children's Day — こどもの日
(4) Mother's / Father's Day — 母／父の日
(5) parents' observation day — 保育参観日
(6) fire drill — （火災）避難訓練
(7) summer festival — 夏祭り
(8) New Year's party — 新年会
(9) exhibition — 作品展，展覧会
(10) graduation ceremony — 卒園式

2. 次のフレーズを覚えましょう。音声にしたがって発音してから，赤シートでフレーズを隠して繰り返し練習しましょう。 TRACK 77

(1) Parents and children get dressed up for the entrance ceremony.
入園式では親も子も盛装します。

(2) Every child has a health checkup.
子どもたちはみんな健康診断を受けます。

(3) May 5th is Children's Day.
5月5日はこどもの日です。

(4) The children drew a portrait of their mothers for Mother's Day.
母の日にお母さんの似顔絵を描きました。

(5) We'll have a fire drill tomorrow.
明日避難訓練をします。

(6) You can wear a yukata at the summer festival.
夏祭りに浴衣を着てもいいですよ。

(7) We're going to go potato digging next week.
来週芋掘りに行きますよ。

(8) Let's make rice cake at the New Year's party.
新年会でお餅つきしましょう。

(9) We'll display the children's work at the exhibition.
作品展で子どもたちの作品を飾ります。

(10) The children wrote a letter to say thank you to their teachers.
子どもたちは先生たちに感謝のお手紙を書きました。

・───────・{ 実践編 }・───────・

1. （　）に入る最も適切な語句を選びましょう。

> exhibition　　Children's Day　　entrance ceremony
> Father's Day　　fire drill　　graduation ceremony
> health checkup　　New Year's party
> parents' observation day　　summer festival

(1) 卒園式　　（　　　　　　　　　　　　　　）
(2) 夏祭り　　（　　　　　　　　　　　　　　）
(3) 健康診断　（　　　　　　　　　　　　　　）
(4) 保育参観日（　　　　　　　　　　　　　　）
(5) こどもの日（　　　　　　　　　　　　　　）
(6) 避難訓練　（　　　　　　　　　　　　　　）
(7) 父の日　　（　　　　　　　　　　　　　　）
(8) 入園式　　（　　　　　　　　　　　　　　）
(9) 新年会　　（　　　　　　　　　　　　　　）
(10) 作品展　　（　　　　　　　　　　　　　　）

2. （　）に入る適切な語句を選んで番号で書きましょう。

(1) The children are looking forward (　　　) the parents' observation day.

　　① to　　② at　　③ in　　④ on

(2) Do you want to wear a yukata or jinbei (　　　) the summer festival?

　　① on　　② at　　③ by　　④ to

122 | **Lesson 26** | **Annual School Calendar**

(3) Toshi-kun drew a portrait of his father (　　　) Father's Day.
　　① of　　　② for　　　③ in　　　④ to
(4) We're going to have a fire drill (　　　) the afternoon.
　　① by　　　② on　　　③ in　　　④ to

3. リスニングにチャレンジして，質問に答えましょう。　　TRACK **78**

1. (1) When are they going to have health checkups?
　　① today　　② tomorrow　　③ the day after tomorrow
　(2) The boy doesn't like having a health checkup. Why not?
　　① Because he's afraid it will hurt.
　　② Because he doesn't like the doctor.
　　③ Because it will take a lot of time.

2. (1) What party are they going to have?
　　① Christmas party　　② New Year's party
　　③ Year-end party
　(2) What will they eat at the party?
　　① grilled rice cake and ozoni　　② ozoni and zenzai
　　③ grilled rice cake and zenzai

MEMO

Lesson 27

Baby Care
育児用品

基礎編

1. 赤ちゃんへの言葉かけや育児用品に関する語句を覚えましょう。音声にしたがって発音してから，赤シートで語句を隠して繰り返し練習しましょう。

    TRACK 79

    (1) diaper　　　　　　　　おむつ
    (2) disposable diaper　　　紙おむつ
    (3) change the baby　　　　おむつを換える
    (4) pacifier　　　　　　　　おしゃぶり
    (5) baby bottle　　　　　　哺乳瓶
    (6) cradle　　　　　　　　　ゆりかご
    (7) baby food　　　　　　　離乳食
    (8) bib　　　　　　　　　　よだれかけ
    (9) baby wipes　　　　　　おしり拭き
    (10) crib　　　　　　　　　　ベビーベッド

2. 次のフレーズを覚えましょう。音声にしたがって発音してから，赤シートでフレーズを隠して繰り返し練習しましょう。　TRACK **80**

(1) You might be wet.
　（赤ちゃんに）おむつがぬれてるかもしれないね。

(2) I'm going to check your diaper.
　おむつを見てみようね。

(3) I'll clean up with baby wipes.
　おしり拭きできれいにしてあげるね。

(4) We're almost out of disposable diapers.
　紙おむつがそろそろなくなります。

(5) I'll change your diaper right now.
　すぐにおむつ換えてあげますよ。

(6) The milk is coming.
　ミルクですよ。

(7) I'll feed you right now.
　すぐに（ミルク）あげるからね。

(8) What's wrong, Yuki-chan?
　ユキちゃんどうしたのかな？

(9) Go beddy-bye.
　ねんねですよ。

(10) I'll put the baby in the crib.
　赤ちゃんをベビーベッドに寝かせます。

実践編

1. （　）に入る最も適切な語句を選びましょう。

> bib　　cradle　　crib　　diaper　　pacifier　　baby bottle
> baby food　　baby wipes　　change the baby
> disposable diaper

(1) おしり拭き　　（　　　　　　　　　　　　　　　）
(2) おむつ　　　　（　　　　　　　　　　　　　　　）
(3) 哺乳瓶　　　　（　　　　　　　　　　　　　　　）
(4) おしゃぶり　　（　　　　　　　　　　　　　　　）
(5) よだれかけ　　（　　　　　　　　　　　　　　　）
(6) 離乳食　　　　（　　　　　　　　　　　　　　　）
(7) おむつを換える（　　　　　　　　　　　　　　　）
(8) ベビーベッド　（　　　　　　　　　　　　　　　）
(9) ゆりかご　　　（　　　　　　　　　　　　　　　）
(10) 紙おむつ　　　（　　　　　　　　　　　　　　　）

2. 日本語の意味に合うように次の語句を並べ替え，2番目と4番目の単語を番号で書きましょう。1語余分な単語があります。

(1) リクくん，おむつを見てみようね。
　　Riku-kun, I'm（　　　）(2番目)（　　　）(4番目)（　　　）.
　　① to　　　② you　　③ your　　④ diaper
　　⑤ going　　⑥ check

126 ｜ **Lesson 27** ｜ **Baby Care**

(2) ナナちゃん，おしり拭きできれいにしてあげるね。

Nana-chan, (　　)(2番目)(　　)(4番目) baby (　　).

① up　　② clean　　③ with　　④ by

⑤ wipes　　⑥ I'll

(3) 赤ちゃんたちをベッドに寝かせましょう。

(　　)(2番目) the (　　)(4番目) the (　　).

① cribs　　② babies　　③ let's　　④ for

⑤ in　　⑥ put

(4) 紙おむつがそろそろなくなりますね。

We're (　　)(2番目)(　　)(4番目)(　　).

① diapers　　② not　　③ of　　④ out

⑤ almost　　⑥ disposable

3. リスニングにチャレンジして，赤ちゃんが泣いている理由と，先生が赤ちゃんにかけている言葉を選び，○で囲みましょう。　TRACK **81**

	The Reason the Baby is Crying	What the Teacher Will Do
(1)	hungry　sleepy　wet	change the baby　rock the baby
(2)	hungry　sleepy　wet	change the baby　feed the baby
(3)	hungry　sleepy　wet	feed the baby　rock the baby

MEMO

Lesson 28

Baby Development
赤ちゃんの成長

基礎編

1. 赤ちゃんの発達や成長にかかわる言葉を覚えましょう。音声にしたがって発音してから，赤シートで語句を隠して繰り返し練習しましょう。

TRACK **82**

(1) drink breast milk　　　母乳を飲む
(2) wriggle　　　（身体を）くねらせる，もぞもぞする
(3) hold one's head up　　　首がすわる
(4) roll over　　　寝返りをする
(5) cut one's first teeth　　　乳歯が生える
(6) sit without support　　　（一人で）座る
(7) crawl　　　はいはいする
(8) wave　　　手を振る
(9) tap　　　（軽く）たたく
(10) poke　　　つつく

2. 次のフレーズを覚えましょう。音声にしたがって発音してから、赤シートでフレーズを隠して練習しましょう。

TRACK **83**

(1) Non-chan is crying for milk.
　　ノンちゃんはミルクをほしがって泣いています。
(2) She fell asleep at the bottle.
　　彼女はミルクを飲みながら眠ってしまいました。
(3) Kai-kun is wriggling.
　　カイくんがもぞもぞしています。
(4) He held his head up when he was only two months old.
　　彼は生後 2 か月でもう首がすわりました。
(5) Kumi-chan often turns towards a voice.
　　クミちゃんはよく声のするほうを向きます。
(6) She can roll over now.
　　彼女は寝返りができるようになりました。
(7) Ko-kun cut his first teeth.
　　コウくんの乳歯が生えました。
(8) He started crawling when he was eight months old.
　　彼は 8 か月ではいはいを始めました。
(9) His mother comes to school and nurses him during lunchtime.
　　彼のお母さんはランチタイムに保育所に来て、母乳を与えます。
(10) Babies like to tap the table with toys.
　　赤ちゃんはおもちゃでテーブルをたたくのが好きです。

実践編

1. （　）に入る最も適切な語句を選びましょう。

> crawl　poke　tap　wave　wriggle
> cut one's first teeth　drink breast milk　hold one's head up
> roll over　sit without support

(1) (一人で) 座る　　　　（　　　　　　　　　　　）
(2) 寝返りをする　　　　（　　　　　　　　　　　）
(3) 母乳を飲む　　　　　（　　　　　　　　　　　）
(4) (軽く) たたく　　　 （　　　　　　　　　　　）
(5) 手を振る　　　　　　（　　　　　　　　　　　）
(6) はいはいする　　　　（　　　　　　　　　　　）
(7) 乳歯が生える　　　　（　　　　　　　　　　　）
(8) (身体を) くねらせる　（　　　　　　　　　　　）
(9) つつく　　　　　　　（　　　　　　　　　　　）
(10) 首がすわる　　　　 （　　　　　　　　　　　）

2. （　）に入る適切な語句を選んで番号で書きましょう。

(1) Moe-chan is crying (　　　) milk.
　① to　　② for　　③ in　　④ at

(2) She fell asleep (　　) the bottle.
　① at　　② to　　③ for　　④ in

(3) Yui-kun started (　　) when he was seven months old.
　① crawl　② crawled　③ crawling　④ for crawling

Lesson 28　Baby Development

(4) Some mothers come to school and (   ) their babies during lunchtime.

　① drink　　② drinks　　③ nurse　　④ nurses

3. リスニングにチャレンジして，先生が連絡帳に書いたことを聞きとり，質問に答えましょう。　　TRACK **84**

1. (1) How old is Mika-chan?

　① two months old　　② three months old

　③ four months old

　(2) What does she often do?

　① fall asleep　　② turn back　　③ turn towards a voice

2. (1) What could Tomo-kun do today?

　① wave　　② crawl　　③ roll over

　(2) What does the teacher say about him?

　① He has a toothache.

　② He smiled a lot.

　③ He'll cut his first teeth soon.

MEMO

Lesson 29

Graduation
卒園

基礎編

1. 卒園にかかわるお別れの言葉や，祝福や感謝をあらわす語句を覚えましょう。音声にしたがって発音してから，赤シートで語句を隠して繰り返し練習しましょう。

TRACK **85**

(1) congratulations		おめでとう
(2) miss 〜		〜がいないのをさびしく思う
(3) appreciate		感謝する
(4) remember 〜		〜を思い出す
(5) cherish		大切にする
(6) elementary school		小学校
(7) warmth		（人の気持ちの）温かさ
(8) kindness		優しさ
(9) class book		卒園アルバム
(10) class reunion		クラス会，同窓会

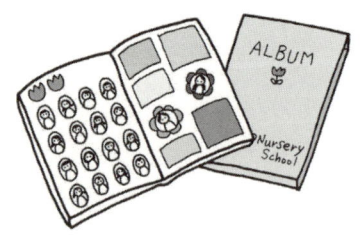

2. 次のフレーズを覚えましょう。音声にしたがって発音してから，赤シートでフレーズを隠して繰り返し練習しましょう。 TRACK **86**

(1) Congratulations on your graduation.
卒園おめでとうございます。

(2) We appreciate your kindness.
あなたの優しさに感謝しています。

(3) Visit us anytime.
いつでも（遊びに）来てね。

(4) I'll miss you all.
（みんながいなくなると）さびしいです。

(5) It's hard to say good-bye.
さようならをいうのはつらいです。

(6) I'll always remember you.
あなたのことはいつも忘れないよ。

(7) We'll cherish all the good memories.
いい思い出を大切にします。

(8) You'll be elementary school students soon.
（みんな）もうすぐ小学生になるね。

(9) Thank you very much for everything.
いろいろとありがとうございました。

(10) I'm sure you'll make a lot of new friends.
きっと新しい友だちがたくさんできるよ。

実践編

1. （ ）に入る最も適切な語句を選びましょう。

> appreciate　　cherish　　class book　　class reunion
> congratulations　　elementary school　　kindness　　miss〜
> remember〜　　warmth

(1) 〜がいないのをさびしく思う　（　　　　　　　　）
(2) 〜を思い出す　　　　　　　　（　　　　　　　　）
(3) 大切にする　　　　　　　　　（　　　　　　　　）
(4) 小学校　　　　　　　　　　　（　　　　　　　　）
(5) 卒園アルバム　　　　　　　　（　　　　　　　　）
(6) クラス会，同窓会　　　　　　（　　　　　　　　）
(7) （気持ちの）温かさ　　　　　（　　　　　　　　）
(8) おめでとう　　　　　　　　　（　　　　　　　　）
(9) 感謝する　　　　　　　　　　（　　　　　　　　）
(10) 優しさ　　　　　　　　　　　（　　　　　　　　）

2. 日本語の意味に合うように次の語句を並べ替え，2番目と4番目の単語を番号で書きましょう。1語余分な単語があります。

(1) さようならをいうのはつらいです。
　　（　　）（2番目）（　　）（4番目）（　　）．
　　① speak　　② to　　③ hard　　④ say　　⑤ it's
　　⑥ good-bye

(2) あなたたちのことはいつも忘れないから，いつでも遊びに来てね。

I'll (　　) (2 番目) (　　), so (4 番目) (　　) anytime.

① forget　② remember　③ us　④ you
⑤ always　⑥ visit

(3) 私たちは，先生方の温かさと優しさに感謝しています。

(　　) (2 番目) (　　) (4 番目) and (　　).

① you　② your　③ we　④ warmth
⑤ appreciate　⑥ kindness

(4) いろいろとありがとうございました。

(　　) you (2 番目) (　　) (4 番目) (　　).

① very　② to　③ for　④ thank
⑤ much　⑥ everything

3. リスニングにチャレンジして，会話の内容に合う語句を選んで○で囲みましょう。

TRACK **87**

(1)	The boy's new school bag is (black / blue). He wants to make (15 / 50) friends.
(2)	The mother appreciates the teacher's (help / advice). She wants the teacher to (attend / plan) a class reunion.

MEMO

National Holidays & Celebrations
祝日と記念日

基礎編

1. 祝日や記念日をあらわす言葉を覚えましょう。音声にしたがって発音してから，赤シートで語句を隠して繰り返し練習しましょう。

TRACK 88

(1) New Year's Day　　　　　元日
(2) Coming-of-Age Day　　　成人の日
(3) the day before spring　　節分
(4) St. Valentine's Day　　　バレンタインデー
(5) the Dolls' Festival　　　　ひな祭り
(6) Marine Day　　　　　　　海の日
(7) Respect for the Aged Day　敬老の日
(8) Sports Day　　　　　　　スポーツの日
(9) Halloween　　　　　　　　ハロウィーン
(10) Christmas　　　　　　　　クリスマス

2. 次のフレーズを覚えましょう。音声にしたがって発音してから，赤シートでフレーズを隠して繰り返し練習しましょう。　TRACK **89**

(1) The children are looking forward to a New Year's gift.
   子どもたちはお年玉を楽しみにしています。

(2) We throw beans on the day before spring.
   節分の日に豆まきをします。

(3) I want to make chocolate for St. Valentine's Day.
   バレンタインデーにチョコをつくりたいな。

(4) March 3rd is called the Dolls' Festival.
   3月3日はひな祭りです。

(5) Do you know what day it is today?
   今日が何の日か知ってる？

(6) Marine Day is on the third Monday of July.
   海の日は7月の第三月曜日です。

(7) Talk to your grandparents on Respect for the Aged Day.
   敬老の日にはおじいちゃん，おばあちゃんとお話してね。

(8) The parents and their children run together on Sports Day.
   スポーツの日には親子一緒に走ります。

(9) You can say "Trick or Treat!" at a Halloween party.
   ハロウィーンパーティで「お菓子くれないとイタズラするよ！」っていうんだよ。

(10) Let's decorate the big Christmas tree in the multipurpose hall.
   多目的ホールの大きなクリスマスツリーに飾りつけをしましょう。

Lesson 30

基礎編 | 137

実践編

1. （　）に入る最も適切な語句を選びましょう。

> Christmas　　Halloween　　Coming-of-Age Day
> Marine Day　　New Year's Day　　Respect for the Aged Day
> Sports Day　　St. Valentine's Day　　the day before spring
> the Dolls' Festival

(1) 海の日　　　　　（　　　　　　　　　　　　　　）
(2) ひな祭り　　　　（　　　　　　　　　　　　　　）
(3) 成人の日　　　　（　　　　　　　　　　　　　　）
(4) 節分　　　　　　（　　　　　　　　　　　　　　）
(5) クリスマス　　　（　　　　　　　　　　　　　　）
(6) 敬老の日　　　　（　　　　　　　　　　　　　　）
(7) スポーツの日　　（　　　　　　　　　　　　　　）
(8) バレンタインデー（　　　　　　　　　　　　　　）
(9) 元日　　　　　　（　　　　　　　　　　　　　　）
(10) ハロウィーン　　（　　　　　　　　　　　　　　）

2. （　）に入る適切な語句を選んで番号で書きましょう。

(1) The children are looking forward to throwing beans on the day (　　　) spring.
　① for　　② in　　③ before　　④ on

(2) St. Valentine's Day is (　　　) February 14th.
　① in　　② on　　③ for　　④ of

138 | *Lesson 30* | **National Holidays & Celebrations**

(3) The Respect for the Aged Day is on the third Monday (　　) September.
　① with　　② at　　③ over　　④ in

(4) What do you say (　　) a Halloween party?
　① with　　② before　　③ of　　④ at

3. 祝日についての会話のリスニングにチャレンジして，質問に答えましょう。　　TRACK **90**

1. (1) When is the Dolls' Festival?
　① today　　② tomorrow　　③ the day after tomorrow
　(2) What will they have for dessert?
　① cake　　② pudding　　③ we don't know

2. (1) When will the demon come?
　① before lunch　　② after lunch　　③ we don't know
　(2) What will the girl not do?
　① throw beans　　② shout　　③ cry

MEMO

Annual Calendar
Lesson 25〜30

Lesson26やLesson30で皆さんが学んだ祝日や記念日を次の表の空欄に入れてみましょう。

Month	Day	Event or Holiday
April		entrance ceremony
May	5	
	the 2nd Sunday	Mother's Day
June	the 3rd Sunday	
July	the 3rd Monday	
August		summer festival
September	the 3rd Monday	Respect for the Aged Day
October	the 2nd Monday	
October	31	Halloween
December	25	
January	1	New Year's Day
February	2 or 3	the day before spring
	14	
March	3	
		graduation ceremony

Column ⑤ クリスマスに活躍するトナカイたちの名前

サンタクロースの乗るソリを引くトナカイたち。トナカイには，名前がついているのを知っていますか？

(1) Dasher　　ダッシャー　　(2) Dancer　　ダンサー
(3) Prancer　　プランサー　　(4) Vixen　　ヴィクセン
(5) Comet　　コメット　　　(6) Cupid　　キューピッド
(7) Donner　　ドナー　　　　(8) Blitzen　　ブリッツェン
(9) Rudolph　　ルドルフ

最後の"Rudolph"は「赤鼻のトナカイ」の主人公で，サンタクロースの9番目のトナカイです。ロバート・メイ（Robert L. May）が娘のために1939年に書いた童話がもとになっています。

その約10年後にこの「赤鼻のトナカイ」の物語から，今でもクリスマスになると必ず聞こえてくるクリスマスソングが生まれました（ジョニー・マークス〈Johnny Marks〉作詞・作曲）。おなじみのあの歌です。真っ赤なお鼻でいつも仲間に笑われていた"Rudolph"ですが，クリスマスイブの霧のかかった夜道を明るく照らして先頭を走り，サンタクロースに頼りにされました。

Column 6 映画などを見ながら楽しく英語を勉強しちゃおう！

　原作が英語の映画かドラマのDVD（またはBlu-ray Disc）を1本選びましょう。音声と字幕が英語と日本語の両方あるDVDを選んでくださいね。

　保育を学ぶ皆さんには，『フルハウス』などはいかがでしょう。この作品は，子どもたちが主役で英語がわかりやすいのと，1話完結なのでお勧めです。また，ディズニーやピクサーなどのアニメも楽しめると思います。作品が決まったら，こんな方法で勉強してみましょう。

①音声「日本語」，字幕「なし」で，しっかり内容を把握します。
②音声「英語」，字幕「日本語」で，字幕になるべく頼らないようにして，英語を聞くことに集中します（ここで日本語の字幕が意訳されていることに気づくかもしれません）。
③音声「英語」，字幕「英語」で，お気に入りのチャプターや好きな場面を繰り返して聞きます。字幕の「英語」を見ながら，セリフを追いかけるようにまねをして，声に出してみましょう。早くてついていけない！　と感じたら，少しずつ止めながら，字幕の「英語」を書き取ってみるといいでしょう。
④登場人物の誰かになりきって，その人のセリフの部分だけ参加して言ってみましょう。
⑤慣れてきたら，字幕「なし」にして，言ってみましょう。

　お気に入りの映画やドラマは，何度見ても楽しいですよね。普段，日本語の吹替えで見ることが多い人も，英語で聞いてみると意外な発見がたくさんあるかもしれませんよ。

―――◇ 編 者 ◇―――

宮田　学（みやた・まなぶ）　　●名古屋市立大学名誉教授

　名古屋大学教育学部卒業。オーストラリア国シドニー大学大学院英語科教育ディプロマ課程修了。著書に『英語教育の理論と授業の構想』（単著，福村出版），『誤文心理と文法指導』（共著，大修館書店），『ここまで通じる日本人英語』（編著，大修館書店）ほか。

―――◇ 著 者 ◇―――

高橋　妙子（たかはし・たえこ）　●桜花学園大学保育学部非常勤講師

　英国アストン大学大学院修了（英語教育学修士）。名古屋外国語大学国際コミュニケーション研究科博士後期課程単位取得満期退学。名古屋市立大学，名古屋工業大学，名古屋柳城女子大学でも非常勤講師を務める。著書に『女子フレ！女子の気持ち，英語フレーズで言っちゃおう☆』（共著，三恵社）『Active Communication with Phrases：フレーズからはじめる英語ドリル』（共著，南雲堂）。

―――◇ 保 育 監 修 ◇―――　本書の保育の内容について監修した。

須恵　剣（すえ・つるぎ）　　●コマクサ幼稚園設置者／元園長（東京都稲城市）

　明星大学大学院人文学研究科教育学専攻修士課程修了（教育学修士）。元青山学院女子短期大学非常勤講師。著書に『実践から学ぶ　子どもと人間関係』（共著，大学図書出版）。

富山　大士（とみやま・ふとし）　●こども教育宝仙大学准教授

　大阪大学大学院理学研究科博士前期課程修了（理学修士）。企業において情報工学関係の基礎研究から製品開発までを担当。その後，東京都内の私立保育園で保育士・副園長を務める。著書に『保育課程論―保育の基盤の理解と実習への活用―』（共著，萌文書林）ほか。

[**制作協力**]

英文校閲	スティーブン・ジェームズ・クラーク (Stephen James Clarke)
録音協力	英語教育協議会　録音事業部 (ELEC)
録音	キャロリン・ミラー (Carolyn Miller)
	ドミニク・アレン (Dominic Allen)
	レイチェル・ウォルツアー (Rachel Walzer)
装　丁	冨田　由比
イラスト	鳥取　秀子
DTP制作	坂本　芳子

保育英語の練習帳 単語&フレーズを覚えよう!

2014年4月20日　初版第1刷発行
2022年4月1日　初版第4刷発行

編　者	宮田　学
著　者	高橋　妙子
発行者	服部　直人
発行所	㈱萌文書林
	〒113-0021　東京都文京区本駒込 6-15-11
	tel：03-3943-0576　fax：03-3943-0567
	https://www.houbun.com
	info@houbun.com
印刷・製本	モリモト印刷株式会社

©2014 Manabu Miyata, Taeko Takahashi　　　　　ISBN978-4-89347-193-2 C3037

● 落丁・乱丁本は弊社までお送りください。送料弊社負担でお取り替えいたします。
● 本書の内容を一部または全部を無断で複写・複製、転記・転載することは、法律で認められた場合を除き、著作者および出版社の権利の侵害となります。本書からの複写・複製、転記・転載をご希望の場合、あらかじめ弊社あてに許諾をお求めください。